先做朋友
后做生意

潘鸿生◎编著

德宏民族出版社

图书在版编目（CIP）数据

先做朋友　后做生意 / 潘鸿生编著 . -- 芒市：德宏民族出版社，2019.11

ISBN 978-7-5558-1299-9

Ⅰ . ①先… Ⅱ . ①潘… Ⅲ . ①心理交往－通俗读物 Ⅳ . ① C912.11－49

中国版本图书馆 CIP 数据核字 (2019) 第 208172 号

书　　名：先做朋友　后做生意				
作　　者：潘鸿生　编著				

出版·发行　德宏民族出版社　　　　责任编辑　思铭章
社　　址　云南省德宏州芒市勇罕街 1 号　　责任校对　尹丽蓉
邮　　编　678400　　　　　　　　封面设计　U+Na 工作室
总编室电话　0692-2124877　　　　发行部电话　0692-2112886
汉文编室　0692-2111881　　　　民文编室　0692-2113131
电子邮箱　dmpress@163.com　　　网　　址　www.dmpress.cn
印　刷　厂　永清县晔盛亚胶印有限公司

开　　本　145mm×210mm　1/32　　版　　次　2019 年 11 月第 1 版
印　　张　7　　　　　　　　　印　　次　2019 年 11 月第 1 次
字　　数　150 千字　　　　　　印　　数　10000 册
书　　号　ISBN978-7-5558-1299-9　　定　　价　38.00 元

如出现印刷、装订错误，请与承印厂联系调换事宜。印刷厂联系电话：13683640646

前　言

　　做生意，从一定程度上说就是交朋友，不要一开始就想着赚钱，要先从交朋友做起。在人际交往和认知过程中，人们往往存在一种倾向，即对自己友好的人，会更加乐于接近，把他视为自己的朋友。一旦成为朋友，双方会更加容易发现和确认对方值得自己肯定和引起自己好感的事情，不断巩固并深化自己对对方已有的积极性评价。在这一心理定式的作用下，朋友之间的相互交往与认知必然在其深度、广度、动机、效果上，都会超过非朋友之间的交往与认知。做生意也要受上述规律的支配，如能和客户成为朋友，对于自己的事业无疑是十分有益的。

　　做生意的最高境界是与客户建立真诚的友谊，做一辈子的好朋友。生意不只是单一的商务往来，它还伴随着人情。从某种意义上说，与你生意往来的对象也不仅仅是客户，他们同时也是你的朋友。如果你能把客户当作朋友那样对待，做足了人情，客户自然"情动于中而形于言"，你还愁生意不到手吗？所以，做生意之前，不要着急直奔主题，还是先和客户培养感情才是你当务之急。

　　在产品和服务同质化日益严重的今天，我们领先于竞争对手最终的优势就是和客户在情感上建立互信友好关系。做生意的过程，其实就是人与人之间的心灵沟通的过程。因此，想要交易成功，仅仅依靠语言等肤浅的技巧是远远不够的，我们还要学会把握客户的心理，迎合客户的需求，用真诚来打动客户，使他对你产生信赖感，视为自己的朋友。

朋友是人脉也是资源。人脉资源越丰富，赚钱的门路也就更多，你的钱来得也越快、越多，这已经是不争的事实！所以，在做生意的过程中，你要在乎的不仅仅是赚了多少钱，积累了多少经验，更重要的是你认识了多少人，结识了多少朋友，积累了多少人脉资源。这种人脉资源是你宝贵的无形资产，别小看你平日里积累起来的人脉资源，它将是你终身受用的无形资产和潜在财富！

华谊老总王中军曾说："交朋友是第一生产力。"做生意必须懂得交友之道，朋友是开创事业的资本，他会在你需要的时候提供支持与帮助。纵观古今中外那些商业泰斗，不论是先秦的吕不韦、晚清的胡雪岩，还是华人首富李嘉诚、世界巨富比尔·盖茨，他们事业的成功都得益于朋友之助。

一个生意人交朋友的能力，直接决定他的人生发展和事业高度。朋友多少决定商机的多少，朋友层次的高低决定你商机的大小。难怪美国石油大王洛克菲勒说："我愿意付出比天底下得到其他本领更大的代价来获取与人相处的本领！"

无数事实表明，先交朋友再做生意无疑是事业成功的有效途径。本书从生意场交际的现实问题入手，循序渐进地介绍了如何结识、结交朋友、如何维护好朋友之间的友谊、如何把握好生意场上的感情投资和人脉搭建等方面的方法，指导性和操作性极强，帮助在生意场上的每个人更有效与人沟通交际，广交天下友，编织人脉网，为自己的生意搭桥铺路，将生意做大做强。

目　录

第一章　做生意，先从交朋友开始

先做朋友，后做生意

第二章　广结人缘，轻松突破社交"瓶颈"

第三章　为人处世，生意人一定要懂得人情世故

第四章　品格为王，做生意交朋友拼的都是人品

第一章　做生意，
先从交朋友开始

先做朋友，再做生意

成功的生意人都知道一条商业原则：先交朋友，后做生意。俗话说："在家靠父母，出门靠朋友"。许多成功者的经历证明，一个人的成功，离不开众多朋友的支持和帮助，善于结交朋友的人，不仅到处受欢迎而且遇事有人帮，办事处处通，不知不觉中，增加了许多成功的概率。朋友就是财富，朋友就是最大的生产力。朋友就好比一座无形的金矿，拥有了这座金矿，你就掌握了取之不尽的财富。很多成功的商界人士都意识到朋友这种资源对自己事业成功的重要性。所以，做生意要从先交朋友开始，只有自己的人气和合作对象达到一定高度的时候，离生意红火的时候也就不远了。

"做生意就是交朋友，朋友交到了，钱也赚到了，这就是双赢！"这是养生酒行经理史恩国对自己经商生涯总结的一句话。

史恩国是东北人，为人忠厚老实，重诚信、讲义气。开业之初没有经验，也没有太好的产品。为了找到一个合适的产品，他每天上网查找。终于找到了雍王系列养生酒的信息。史恩国的朴实坦诚打动了厂长。去厂家实地考察回来后，就已经拿到厂家给的样品和代理资格。

史恩国说，他做生意很讲诚信，这样也充分得到厂家的信赖。有次发货资金周转不灵，厂家张哥听说后对他说："小史，你很讲诚信，和你做生意我放心。你可以先提货后付款。"开店伊始，因为产品刚进市场，很多人还在观望。史恩国身边的朋友就成了他的第一批顾客。慢慢地，产品和诚信经营也被越来越多的顾客认可。现在，很多顾客和他成了生活中的朋友。

当记者问到："这几年最大的收获和成功是什么？"他开心地说："对我来说不是赚了多少钱。而是通过开店让我有机会认识了更多的人，将陌生的顾客变成我生活中最好的朋友。这也是我最大的收获吧。对我来说，拥有朋友才是最快乐的。"

俗话说："朋友多了路好走。"无论做哪一行，都要先交朋友，后做生意，先赚人气再赚财气。这样，可以尽可能地减少商业摩擦和阻力。其实这就是商场上的政治学。能够处理好与客户之间的关系，往往能够在商场中长袖善舞，从而广结善缘、广揽合作，进而广开财路、广辟财源。

先交朋友，再做生意。这并非刻意拉拢，而是以心换心。你真心待人，别人自然也会真心待你。当你真心把客户当成朋友，彼此倾吐肺腑之言，互相体恤爱护，那么朋友也交了，生意自然水到渠成。

贵人相助，成功捷径

有句话说："三分天注定，七分靠打拼"。我们一直相信"爱拼才会赢"，但遗憾的是有些人拼了一辈子，努力了一辈子，也不见得赢，关键在于缺少贵人相助。事实表明，在攀向事业高峰的过程中，贵人相助往往是不可缺少的一环，有了贵人，可让你的成功更省力。

著名的香港实业家齐名贵，是一个得贵人相助而成为富人的典型例子。从一个一文不名的穷人，到香港小有名气的实业家，齐名贵的成功之路给了穷人许多启示。齐名贵的公司，每年的营业额达7000万港元以上。当年独立门户时，齐名贵只有18岁，他在创业历程中曾得到贵人赵旦许的帮助。

不到18岁的齐名贵辍学开始了给人打工的生涯。第一份工作是在一家电子公司当电子零件推销员，名为推销，实际上就是一个送货员。他在这里干了一年，接触了很多电脑行家，其中就包括赵旦许。

工作期间，他逐渐对电脑业产生了兴趣，想自己创业当老板。于是年仅18岁的齐名贵拿出2万元积蓄和别人开了一家小型工厂，专替电脑商装嵌电脑界面板。由于经验不足，加上合伙人重视不够，齐名贵最终不得不与合伙人分道扬镳。后来，他给了合伙人2万元退股钱，一个人承包了这家工厂。

此时的公司已经欠债20多万元，但齐名贵并没有被打垮，而是以积极的态度面对。他找来一帮同学帮忙，经过一段时间，他公司每月营业额达到50万元，半年后他便把所有的债务还清了。此后，公司的业绩却一直平平，直到遇到贵人赵旦许。

赵旦许此时已经成为香港有名的电脑商。1985年，他的海洋电脑公司有意扩展业务，希望设厂进行生产。他马上想到了以前认识的齐名贵。赵旦许认为齐名贵年轻有朝气，与他合作可以放心。而齐名贵正想企业能有大的突破，于是双方签下合作协议，成了合作伙伴。

有了赵旦许的支持，齐名贵的公司业绩蒸蒸日上。几年后他到深圳设厂，将台湾的业务也拉过来不少。到了1990年，工厂营业额已近7000万港元，成为香港生产小型电脑板的著名厂家之一。

借贵人相助，获得成功是最简捷、最有效的途径。有贵人相助，不但能缩短成功的时间，而且还能加大成功的筹码。

事实上，在社会上打拼，不仅要靠实力，也要讲关系和缘分，"贵人相助"便是其中极为重要的一环。有时候，某人的一句话就能令你茅塞顿开，这个人就是你的贵人；有时候，某人的举手之劳帮你卸掉了重负，让你轻装上阵、信心百倍，这个人就是你的贵人；有时候，某个人不经意间的一个提示，让你豁然开朗、有如神助，这个人就是你的贵人。

每个人的生命中，都可能存在着许多贵人。有的是他们主动对你伸出援手，有的需要你自己慢慢培植。所以，你不妨留心观察周遭的人，看看哪些可能是你的贵人，然后主动亲近他们，与他们保持联络，让他们对你有深刻的印象。在某个时机，他们就会发挥"贵人"的功能，在你事业发展的过程中，助你一臂之力。

自己走百步，不如朋友扶你走一步

现实生活中，你有没有这样的经历：资金周转不过来，找朋友借一些，朋友很爽快地答应了；周末要去郊游，你需要一辆车，找朋友借，朋友很爽快地答应了；你想跳槽找一份薪酬更高的工作，朋友都帮你介绍；你遇到一个重要客户，可是关系一般，无成功把握，经朋友介绍认识后和客户成了朋友，交易也成功了……很多自己无法解决的事情，有了朋友的帮忙，问题迎刃而解。这其中，朋友起到了重要的作用。

常言道，一个好汉三个帮，大石头要小石头塞。自古以来，成就一番事业的人都少不了别人的帮助。朋友是一种资源和资

先做朋友，后做生意

本，很多成功人士都意识到了朋友对自己事业成功的重要性。无论你从事什么职业，学会交朋友，友好地与朋友相处，并让朋友成为你事业的伙伴或支持者，你就离成功更近了。因为朋友是你终身受用的无形资产和潜在财富！

　　十年前的李国华不过是一个在某大公司苦苦挣扎的穷员工，谁能料得到如今他居然成为资产过亿的大企业家。有人问他，为什么他一个穷小子能够取得成功时，他很认真地说，他的成功，全靠自己的朋友，如果没有他的朋友，现在他可能还在那个大公司哭穷呢。

　　原来，他大学一毕业，他的朋友就举荐他到广州一家珠宝公司做销售助理，在他做助理期间，他认识了一大批做各种生意的朋友，其中不乏几位来广州投资做生意的大老板，在几位香港老板的帮助下，他加入了香港商会，借机又认识了很多成功人士。结交朋友，成了他的一大癖好，每次他出门，都不忘随身携带自己的名片，送给自己遇到的朋友，如果哪一天他忘记带名片，就会浑身不舒服，好像身上长出很多刺一样。凭着自己丰富的人脉网，李国华做成了很多大买卖，他的朋友都乐于帮助他，他的成功几乎是水到渠成的事情。

　　有朋友帮助是事业成功的一个重要的原因，只有人际关系丰富的人和善用丰富人际关系的人才能取得丰富的财富资源。

朋友多了路好走。有多少朋友，就打开了多少扇方便之门。一个人的智慧是有限的，精力更有限，所以做一番大事情，做个好汉，那就要善于采用别人的帮助。世界上有很多人能成功，除去环境、机遇和个人能力等因素，是因为他们能处理好人际关系，拥有很多朋友。

一个美国富翁，有十个儿子，拥有1000万的财产。富翁最钟爱的是小儿子费拉克·梅维尔。临终前，富翁将他的几个儿子叫到了床前，对九个哥哥说："你们每人100万美元！"父亲接着又对费拉克说："现在我只剩下100万了，还需从中拿出10万来做我的丧葬费，40万元捐给福利院，我只能给你50万，不过，我有十个朋友，准备都给你，他们比金钱好得多。"费拉克和九个哥哥听完后都非常吃惊。当确信父亲的话明白无误时，九个哥哥心中一阵暗喜，齐声说："就这么分吧！"费拉克沮丧极了，只是慑于父亲的威严和哥哥的赞同，他不敢表示异议。富翁就这样将自己的财产顺利地分给了十个儿子。几天后，父亲把他的十个朋友一一介绍给了费拉克。他们都是父亲生意场中往来多年的老朋友。不久，富翁死了，几个儿子很快挥霍掉了父亲留给他们的钱。费拉克也是如此。当他窘迫时，他想起了父亲介绍给他的朋友。于是，费拉克将他们请到了家中，希望他们能给他一些帮助。父亲的十个朋友非常愿意帮助他，但没有直接给费拉克金钱，而是每人给了费拉克一头怀孕的牛，还告

先 做朋友，**后** 做生意

诚费拉克如何从这十头母牛起家：母牛产下小牛，再变卖小牛，用卖小牛的钱做生意。费拉克遵从父亲朋友的教导，用卖小牛的钱与他们做起了生意。在生意上，十个朋友给费拉克提供了许多方便，还将宝贵的商场经验传授给了费拉克。费拉克的生意越做越大，财富便像雪球一样迅速累积起来。费拉克的哥哥们将遗产挥霍掉后，也各自做起了小生意，但缺少生意上常往来的朋友，全要靠自己开辟新的贸易伙伴，加之经验不足，生意大都不顺。仅仅过了几年，费拉克的财富就远远超过了他的哥哥们。后来，费拉克比当年的父亲还要富有。直至这时，哥哥们才明白父亲那样分配遗产的用心。

这是一个真实的故事，这个费拉克就是美国巨商费拉克·梅维尔。费拉克·梅维尔曾经意味深长地说："我父亲告诉过我，朋友比世界上所有的金钱都珍贵，朋友比世界上所有的财富都恒久。这话一点也没错。"

朋友，是你人生中一笔巨大的财富，是关键时刻拉你一把的靠山。从某种意义上说，朋友的多少决定了我们未来道路是平坦，还是曲折；是有朋友相助，还是要自己苦苦奋斗。大量的事实表明，谁的朋友多，来往密切，他办起事来效率就更高，成功的概率也更大。

人是最大的资源，不管做什么事情，都有人的因素。被称为"赚钱之神"的邱永汉说："失去财产，仍有从头再做生意的机

会，失去朋友，就没有第二次的机会了。"朋友是你宝贵的无形资产，别忽视你身边的朋友，说不定哪天他们会成为你事业的转折点，是你终身受用的无形资产和潜在财富！

陌生人也可以成为朋友

世界上没有所谓的陌生人，只有还未认识的朋友，所有的朋友都是从陌生到认识再一步步发展成为朋友的。如果你想要拓展人际关系，就要敢于同陌生人打交道。

在很多人的意识中，陌生人是某种敌对意味的代名词。其实，我们根本没有必要回避陌生人。将陌生人拒之门外，这十分不利于扩大自己的社交圈子。我们所要做的就是如何在最短的时间内将陌生人转化为自己的朋友、客户和生意上的伙伴。因此，对每个人来说，如何亲近陌生人，这是一个非常重要的课题。

王超是一个生意人。他有一个爱跟别人聊天的习惯，特别是他在旅途中无聊的时候。有一次，他去广州出差，在坐火车时，和邻座的素昧平生的人聊了起来。在攀谈中，他了解到，邻座原来是个大学讲师，干讲师的工作时间长了，逐渐地有些厌倦了，于是就辞职自己开办了一家公司，担任这家公司的总经理，现在这家公司发展得非常红火。他们聊得很投机而且非常愉快。到广州站后，他们匆匆交换了名片，其实它们只是萍水相逢，谁也没有想到今后可能会用到谁。天有不测风云，人有旦夕祸福，没想到过了几个月后，王超的公司陷入危机，他急得像热锅上的蚂蚁，有一天他忽然想起了那位在火车上遇到的人，于是就给他打电话，说明了自己的情况，问他们那里有没有适合自己做的生意。那个人回答说，正好他有一批代理加工的货单，正在找合作伙伴。王超抓住有利时机，接过这笔生意，渡过了难关。

其实成功的过程本身就是一个不断积累人际关系资源的过程。如果能做到"人人为我所用"，就会如虎添翼，一顺百顺。事实上，即使萍水相逢的陌生人，在关键时刻，有可能改变我们的命运。所以，在平时我们要尽量和每一个人保持友好的关系，以备用时有所依靠。

陌生人是我们人脉的重要组成部分。俗话说："靠人脉赚钱。"而人脉给予我们的远远不止金钱而已——无论事业运还是感情运，事实上都是在适当的时间遇到了可以与你产生积极互动的人。我们可以把陌生人变成熟人，这样遇见贵人的机遇就会大起来。

善于结交陌生人是扩大自己的交际圈和人际关系的保障。其实，老朋友都是由新朋友发展而来的，新朋友都是从陌生人发展来的。仔细想一下，我们的熟人、朋友哪一个原来不是陌生人。没有任何研究能证明：人们与陌生人之间交际能力是先天的，而不是后天习得的。因此明显的事实是，人们可以通过加强训练来提高日常交际能力。只要你有交往的意愿，敞开心扉，友谊的大门将向你常开着。

广泛结交各个行业的朋友

在竞争激烈的现代社会，仅凭一己之力打天下，很难获得成功。俗话说，多个朋友多条路。多一个朋友，就等于增加了一种信息源，多了一个保护层，多了一条生活、事业和快乐之路。朋友是人脉也是资源。要想在社会上办成事，拥有比较多的朋友至关重要。正如华谊老总王中军所说："交朋友是第一生产力。"做人必须懂得交友之道，朋友是开创事业的资本，他会在你需要的时候给你提供支持与帮助。

张先生是杭州一家笔庄的老板。1989年在杭州创业时，他生活十分窘迫。那个时候是他人生中的最低谷，苦到买不起煤球，只能找一点简易的柴烧火。即使如此，他也没有放弃，而是经常出没于杭州的各个画廊、美术院校，只要有机会就给别人看他的笔，正当他四处碰壁、生活十分窘迫的时候，改变他命运的人出现了。

某一天，张先生在一个画廊里，杭州画院的一位副院长也来画廊参观，张先生看副院长气度不凡，就拿出一支上好的鸡毛笔要送给副院长，副院长看后感到很惊讶。这次巧遇使副院长对他的笔产生了浓厚的兴趣，以笔会友，两个人在研究笔的过程中结下了深厚的友谊。为了让更多的人了解他的笔，副院长决定帮他开一个笔会，并免费提供场地。通过笔会，张先生认识了画院的更多的朋友，这些朋友帮助他解决了多年的债务问题。还掉债务后，张先生的心情也轻松起来。时间久了，通过书画家们和顾客间的相互介绍，他的笔庄在杭州渐渐闯出了名气。

如今，张先生已经拥有两个笔庄、一家工厂，每年制作、销售毛笔四五万支，张先生正走在成功的创业路上。

做生意建立关系，从原则上来说应该是越广泛越好，关系编制得越密集就越容易得到精确的、有价值的信息，就越能从人脉中获取最大的支持。

一般来说，生意人一定要加强以下的人际关系，为自己的事业助力。

好朋友。所有的人际关系，从根本上讲都是自己的朋友，而且必须是好朋友，这样自己的人际关系才能建立得比较牢靠。当然，单纯意义上的好朋友也是非常重要的。

地方政府官员。无论做什么生意，都会有相关政府部门人员的干预和管理，买地建楼，需要国土局；生产产品，有技术监督局、食品检验局；出售商品，有工商税务局、治安防疫、卫生局和公安局。总之，只要你动一动都会有相关的政府部门进行监督和管理。政府部门不但是管理者，也是服务单位，如果拥有这方面的人脉，无疑将使你的生意事业如虎添翼。

律师。做生意人之间的相互关系，在一定意义上都存在着法律关系，我们的生活中可能发生法律方面的问题，在我们的生意上更容易发生法律上的纠纷，一旦纷争突起，我们难免要维护自己的利益而打官司，这时律师的重要性就显现了出来。

警察。我们之所以要把警察作为人际关系中的重要的节点，绝不是警察可以替我们解决交通违规的罚款问题，而是因为商人所遇到的问题要复杂得多，谁的生活都离不开警察，如果我们同警察保持良好的人际关系，我们的许多问题都可以迎刃而解，在做生意上出现的任何麻烦，或者和其他的人发生了冲突，警察将是我们最好的后盾。

医生。人吃五谷杂粮，都有三病两痛的时候，不管是我们还是家人都需要身体保健的需要，有个医生做朋友，可以时时听到医疗保健方面的专业建议或有个急病去医院找个认识的人也方便。

记者。新闻媒体中的人物，永远是走在舆论和信息的前沿，他们可以左右公众舆论的力量。另外通过媒体我们还可以获得很多有价值的咨询，也可利用媒体宣传我们的产品。

保险专家：赚钱是好事，但谁都不希望发生任何的飞来横祸，但是，月有阴晴圆缺，做生意也难免遇到意外的情况，一般处理事故危机有两个层面，一个是法律意义上的处理，另一方面就是赔偿意义上的处理，既然是赔偿，就离不开保险公司出面，如果我们有保险专家作为我们的咨询师，也许我们就可以从我们本来的损失中争取到尽可能多的补偿。

名人：认识和结交名人是一件不容易的事情，但是我们仍然要花点心思去做，因为这点太重要，名人可以为生意做广告，抬高产品的知名度，他们可以使我们出入我们本来难以企及的社交场所，而且可以使我们在生意伙伴面前的信任度得以提高，所谓名人，并不是指必须是闻名全国的重要的名人，在一个地区具有相当的声望的人都属于我们所说的名人的范围。

总之，做生意就是和人打交道，做生意离不开人际关系。要在平时积累人脉，为自己的事业做好基础。

做生意就是做关系，
商务关系就是人际关系

一般来说，人们喜欢从朋友而不是陌生人那里买东西。"条件一样，人们想和朋友做生意；条件不一样，人们还是想和朋友做生意。"这是一条古老的商业格言。据估计，因友谊，促成了半数以上的销售；也因友谊，多数的商业关系也得以保持。而这种关系就是人们所说的"好兄弟关系网"，或是另一种称呼"人脉"，而这其实就是"友谊型销售"的别称。

如果你认为卖东西，只要拥有好的产品、服务和价格就可以了，那你在心理认知上就是错误的。如果说友谊的关系可以带给你一半的销售业绩，而你的朋友却不包括现有的客户或潜在的客户，那你可发展的市场至少失去了一半。朋友向朋友推销，那是在向朋友介绍适合他的产品或服务。当你约一个朋友出来或是请他帮个忙时，你直接开口就可以了，不需要什么技巧。

要卖出更多的产品，你不需要什么更高明的销售技巧，只需要更多的朋友就可以了。

有一位销售员经常去拜访一位老太太，打算以养老为理由说服老太太购买股票或者债券，为此，他就常常与老太太聊天，陪老太太散步。经过一段时间，老太太就离不开他了，常常请他喝茶，或者和他谈些投资的事情。然而不幸的是，老太太突然死了，这位销售员的生意泡汤了，但仍然前往参加了老太太的葬礼。当他抵达会场时，发现竞争对手另一家证券公司竟也送来了两只花圈，他很纳闷："究竟是怎么一回事呢？"

一个月后，那位老太太的女儿到这位销售员服务的公司拜访他。据她表示，她就是另一家证券某分支单位的经理夫人。她告诉这位销售员："我在整理母亲遗物的时候，发现了好几张您的名片，上面还写了一些十分关怀的话，我母亲很小心地保存着。而且，我以前也曾听母亲谈起过您，仿佛和您聊天是生活的快事，因此今天特地前来向你致谢，感谢您曾如此关心我的母亲。"

夫人深深鞠躬，眼角还噙着泪水，又说："为了答谢您的好意，我瞒着丈夫向您购买贵公司的债券……"然后拿出40万元现金，请求签约。对于这种突如其来的举动，这位销售员大为惊讶，一时之间，无言以对。

这是发生在销售界的一个真实的故事，有些人可能认为这份合约来得太突然、太意外，其实不然。老太太的女儿之所以会这样做，就是因为被他的爱心所感动，才买下该公司的债券。

无独有偶。有一次，小张上门给顾客送产品时，听顾客说，他隔壁住了一位老太太，先生早逝，儿女都在海外，身体状况不太好。小张心里就想，也许公司的营养保健食品对她会有所帮助。于是，小张就在顾客的引见下登门拜访。知道小张的来意后，老太太婉拒地说："我不太相信什么保健品，就连儿女买的保健品还有很多没开封呢。"

离开后，小张总是记挂着这位孤独的老人，每逢去那位顾客家送货时，都要去老人家坐坐，陪她聊一会儿天。没想到有一天，老人向来看她的小张认真咨询起营养品的功用，还请小张针对自己的身体情况推荐几款。

生意就这样做成了，就连小张自己都有些纳闷：自己再也没向老人推销过产品，她怎么会有180度的大转弯呢？其实，有经验的销售人员一看就明白，是小张对老人真诚的关心最终促成了交易，因为它满足了老人被了解与被重视的需求。

人们常说："爱心有多大，事业就可以做多大"，这是很有道理的观念。付出真诚，让客户感受到你的关心，就能赢得客户。所以，如果你要想让客户成为朋友，就要像朋友那样去关心他。只有你把客户做成了朋友，你成功的机会才会越来越多，路才会越走越宽。

有句话说得好：做生意，就是做关系。主动的关系客户、帮助客户，就是在做关系、做人情。关系处到位了，人情做足了，客户自然会对你心怀感激，也就自然会来帮助你，成就你的事业。所以说，做生意就是交朋友，当你不断地与客户建立牢固的友谊时，你便有了广泛的人际关系，那时离成功也就不远了。

走进"圈子"，扩大人脉

每个人都生活在各种各样的圈子中。圈子是什么？圈子，是一种文化，一种时尚，同时，也是一种价值，一种人脉。可以说，做生意不但需要能力，更重要的是——"圈子"。从某种意义上说，出于生意的需要，做大生意的人更需要结纳与自己同一阶层的关系。圈子里是与自己志趣、背景、经历相仿的人，通过

先做朋友，**后**做生意

交流生意，探索新的投资、管理之道，"圈友"间强强联合，抱团发展，成就大生意的事例屡见不鲜。

很多年前，26岁的美国小伙子约翰逊来到纽约市，在曼哈顿第五大道的一套小公寓里，开始了他的创业生涯。刚到纽约，约翰逊就徒步走遍了这个城市的每一个角落，了解、评估每一块好的房产价值，计划在这个城市发展他的房地产事业。为此，他常常去看一些土地和楼盘，就像是这些土地的主人。

约翰逊刚到纽约市，谁也不认识。因此他必须计划好为自己的房地产事业铺平道路的每一个步骤。他要做的第一件事就是尽快加入该市的"快乐俱乐部"，去结识那些出入该俱乐部的社会名流和百万富翁。对约翰逊这样一个无名小辈来说，要想进这样高档的俱乐部，实在很不容易，但约翰逊还是决心去尝试一番。

约翰逊第一次打电话给"快乐俱乐部"，刚说完自己的姓名，电话随着一声斥责就被对方挂了。约翰逊仍不死心，又打了两次，结果仍遭到对方的嘲弄和拒绝。

遭遇几次失败后，约翰逊觉得这样一直打电话也不会有什么结果。于是他心生一计，又拿起了电话。这次他声称将有东西给俱乐部的董事长。对方以为他来头不小，连忙将董事长的电话号码和姓名告诉了他。

接着，约翰逊又按照对方给的电话号码立即给"快乐俱乐部"董事长打了电话，告诉他想加入俱乐部这件事。董事长没说同意也没说不同意，却让约翰逊来陪他喝酒聊天。约翰逊自然满口答应了。

通过喝酒聊天，约翰逊逐渐与这位董事长建立了良好的关系。几个月后，在董事长的特殊关照下，他如愿以偿，成了"快乐俱乐部"中的一员。

在俱乐部中，约翰逊结识了许多社会名流和成功人士，建立了良好的关系网。

有一年，纽约市的房地产业陷入萧条，很多房地产开发商也陷入财务危机，纽约人都在为这个城市的命运担心。然而在约翰逊看来，纽约市的困境对他来说无疑是天赐良机，从前那些对他来说是可望而不可即的好地皮，现在可以以较低的价格任意挑选收购了。

就在这时，约翰逊从朋友处得到一个消息：纽约市新泽西捷运公司委托埃米尔·杰西卡出售西岸河滨50号、40号废弃的铁路站场。

经过分析，约翰逊断定：房地产萧条是暂时性的，赚大钱的好机会终于降临了。为此，他把自己所拥有的几个小公司合并起来，改称为"约翰逊集团"，使他在房地产竞争中更具有竞争力。

第二天一早，约翰逊便打电话给杰西卡，表示愿意买下这些铁路站场，并约定了在杰西卡的办公室商谈这笔买卖。

第一次见面，约翰逊就给杰西卡留下极好的印象。他们很快便达成协议："约翰逊集团"以200万美元的价格购买了西岸河滨的那两块地皮。不久，房地产升温，约翰逊手中的两块地皮涨到了700万美元。他见价格可观，便将地皮脱手了。

经过许多人的帮助以及自己的努力，约翰逊终于挖到了来到纽约市的第一桶金——500万美元。这是他闯荡纽约的第一笔大买卖，也是他第一次独立做成的房地产生意。此后，他开始了辉煌的经商生涯。

约翰逊的成功在一定程度上来说，就是因为他首先打入了"快乐俱乐部"这个圈子，结识了很多朋友，为后来的成功奠定了基础。

其实，我们也可以不断提升自己，打入别人的财富圈子，或者是逐步建立自己的圈子，用这样方法去做生意，不但能独善其身，也可能兼济天下。

老乡关系，也是可利用的人脉资源

一个人不论在什么地方，做什么生意，都要懂得储备人脉资源，懂得利用你身边的人脉，这无论对于个人的现实情感还是对于未来个人的发展都是有益的，而"老乡"就是每一个身在异地之人特有的人脉资源，能利用好"老乡"这一独特的资源，或许会带给你意料之外的惊喜与财富。

俗话说得好：老乡见老乡，两眼泪汪汪。中国人特别重视乡情，来自一个地方的两个人会因为在他乡乃至异国彼此扶助而建立深厚的感情或长久的关系，这种难忘乡情的行为自古已有之。

老乡关系在人际关系里有着举足轻重的作用。人处于异地他乡时，会更珍重乡情，珍爱乡谊。因而跟老乡搞好关系就显得尤为重要，这不仅仅是多几个朋友的问题，有时还会直接影响到自己的事业和前途。

第一次世界大战以后，国内经济也有了很大的发展，各行各业也在大兴土木，水泥的需求剧增，价格也随之上涨，每袋市价由5元飞涨至12元，但仍然还是供不应求。此时，刘鸿生敏锐地察觉到水泥工业有利可图，于是决定办一家水泥工厂。刘鸿生办工厂前，事先考虑到供、产、销和国际竞争等方面的情况，经过周密考察后，再着手进行开办。当时国内水泥工厂只有5家，其中华资3家，日资2家，年产水泥也只有130万袋。而国内每年的需要量估计约为200多万袋，缺额约100万袋，办一个年产几十万袋的水泥厂，销路绝对也是没有什么问题的。原来水泥需求的缺额是由进口水泥填补的。刘鸿生也考虑到了外货的竞争问题。认为水泥是笨重物资，外货远道运来，费用昂贵。而国内就不同了，就地生产，就地销售，成本较低，只要产品质量过关，就一定能同外货竞争。刘鸿生还考虑到制造水泥必须以大量煤屑做原料。煤的比重约为水泥的一半。而他手里有的是煤，不怕原料不够，并且正好又为销路不畅的煤屑提供了一个好出路。

刘鸿生决定创办水泥厂，在经过一个阶段的紧张筹备后，其他条件都具备了，但缺一个重要条件：就是需要一个地位高、名气大、资历深的大人物出面支撑局面。这是因为当时的水泥业在中国还是个新兴行业，涉及方方面面的麻烦事很多。虽然说刘鸿生已稍有名气，但毕竟还是年轻资浅。为此，他就想到了老乡朱葆三。

于是，刘鸿生就去拜访了朱葆三，在略叙了乡情并寒暄了一番后，刘鸿生就简明扼要地说明了造访的来意。

朱葆三不动声色地问道："小老乡要办水泥厂，这个念头是怎么想出来的？"

刘鸿生回答道："这是形势所需。据晚辈近期考察市场行情，我国建筑方式逐日西方化，而水泥则是西式建筑的主要材料，不但道路、桥梁、堤坝等建筑，就是日后的民宅、公馆也需要大量的水泥。由此可见，我国建筑市场对水泥的需求定会日益增加，前景十分看好。"接着，刘鸿生向朱葆三汇报了当年中国的水泥厂家、产量、需求量和发展概况。

第一次世界大战前，我国所使用的水泥均为洋货，一半是来自西欧等国，一半是来自欧美附属国以及设在我国境内的几个厂家。直至欧洲战争发生，国外的水泥供应锐减，国内始得自产。

刘鸿生还说："据晚辈调查，目前国内自产水泥的仅5个厂家，其中2个还是日资的。就年产量而言，华资3个厂为100万袋，日资2个厂约30万袋，合计也只有130万袋左右，而目前国内年用量已经超过230万袋，远远不能满足市场需求。所以，晚辈与诸君好友萌发办水泥厂的念头，实为市场所需。"

这时，朱葆三不动声色地问道："如今欧洲战场战争结束已两年有余。若国外水泥再次大量卷土重来，不知小老弟将如何应对？"

其实，刘鸿生对此也早有准备。他从容不迫地说："洋商的水泥均在万里之外，且多凭水运。一是路途遥远，费用甚高，即使成本再低，运到了中国也加高数倍。二是水泥笨重，又忌潮湿，重洋远渡，难免受潮降质。而国内自产，得地利之便，成本低、质量优，即使与洋商抗争，亦能稳操胜券。为此，晚辈以为国外水泥即使大量卷土重来，也不可怕。"

朱葆三听后点头道："所言极是。水泥新业，潜力巨大，上海更无厂家，实乃一大缺口。只是……"老谋深算的朱葆三又提出新的问题："只是中国人通此技术者为数寥寥。若无技术保证，质量就有问题。若是质量上不去，怎能与洋商抗争？"

刘鸿生深知朱葆三的厉害。幸好他早有所备，这才不

先 做朋友，后 做生意

慌不忙地道出一个水泥专家来。这个专家名叫马礼泰，德国人，现在时任湘北华记水泥厂工程师，与刘鸿生交情甚厚。只要刘氏一办厂，他即应聘前来，并可帮助刘氏企业派人去德国考察见习，并为其购买设备和培训人才。与此同时，资金方面经过几年筹集，刘氏已征得80万元以上，不过还有20万元至40万元缺口，问题不大。朱老能出多少算多少，不做强求。

最后，刘鸿生说："现今已经万事俱备，只凭朱老一言定乾坤了，这水泥厂您说是办还是不办？"

朱葆三捻须笑道："既然你筹谋得那么有方，胜券在握，我答应出面就是了。"

刘鸿生这次与朱葆三会面是很重要的。由于有朱葆三的出面主持，兴办水泥厂的一切手续，包括登记、注册等等，都办得十分顺利。同时，由朱葆三出面让清末状元、南通大实业家张謇入股，补足了预备资金的不足。当时，还发生了一件事：刘鸿生兴办水泥厂的消息，震动了英商设在上海的怡和洋行。因该洋行近年来一直在上海几乎是独家销售设在香港水泥厂的"青州"牌水泥，获利甚厚。而现在刘鸿生也要办厂了，这必然会影响到对方的利益。怡和洋行对刘鸿生的水泥厂进行软硬兼施，但是都没有收到什么效果，最后看在朱葆三这块金字招牌的份上，英商也只好就此了事。

刘鸿生利用老乡关系这一敲门砖对朱葆三进行拜访，进而达到了自己的目的。这就是利用"老乡"关系办成事的最有力证明。

现代社会，资源就是财富，那么广泛结交，多给自己寻找一些有用的资源，就会使自己事事顺达，而"老乡"就是每一个身在异地之人的特有资源，能利用好"老乡"这一独特的资源，或许就会带给你意料之外的惊喜与财富。

当你身处大城市，初次和人打交道时，在适宜的场合，不妨问一下对方的老家。如果不期能碰到你的"老乡"，那你们的交往可以很顺利地进展下去，你们很快就可以找到有关你们家乡的话题。如果你交际得力的话，你很快可以成为他亲密关系网中的一员，然后再利用他的关系，在他的指引介绍下，你可能很快交结到好人缘，进而发展自己的事业。

分类建档，给你的朋友分分类

即使你有广交朋友的习惯，你的朋友背景、性格、能力各不相同，但办事时你不一定能"信手拈来"，这就需要你养成给朋友分类的习惯。对号入座才不至于到了真正需要的时候手忙脚乱，甚至一个朋友都找不到。

朋友也有种类之分，有建立在友谊基础之上的，以德交者，则德隆望重；以情交者，则情真意切；以志交者，则志同道合；

以义交者，则义无反顾。还有一类则以互惠互利为原则，以权交者，失权则绝交；以利交者，利令智错；以色交者，色衰则情无；以财交者，财尽则交绝。

朋友也有等级之分，并不是所有的朋友都是一般轻重。有的是能够深入你心灵成为至交的知己；有的只是与你保持一定联系，似有若无的泛泛之交；有的则只有点头之交。

更多的时候，我们无法一下子就判断能否和一个人交往长久，有多密切。但是，你可以保持"有容乃大"的心态，把那些投缘的也好，不投缘的也罢，都归入你的好友档案。凡是上过网聊天的人都知道，聊友列表里有"好友""不熟悉的人"和"黑名单"之分，后来还有一个"好友分组"之类的组群栏目。虚拟空间中的交友尚且知道把遇到的人分类，看来这对于我们纷繁复杂的现实生活也很有必要。

所以，从现在就开始培养给朋友分类的习惯吧！

不要忽视你周围的朋友。你身边的同事、经常一起上下班的熟人、在某个地方邂逅而投缘的人、同乡、邻居，这些人和你的生活联系最为紧密，不妨对他们的专长做一番了解。如果他们的工作、住处和电话发生变动的时候，一定要及时修正，至少保证能够有一条稳定的渠道可以找到他们。

整理你收集的名片。许多应酬场合，人们都会交换彼此的名片，其实和这些人根本就谈不上什么交情，但是你千万不要随便地把这些名片扔掉。从现在开始，把它们收入你的名片簿，最好在名片上记下对方的特殊之处，包括外表的、性格的、职业的等，因为说不定哪一天这个人就会成为你的贵人、合伙人、客户……总之，现在各个行业的联系越来越紧密，有时即便是芒屏布衣也可能在关键时刻发挥最重要的作用。

养成给朋友分类的习惯，你可以更清楚哪些人值得在哪方面深交，还能在需要帮助的时候"信手拈来"，不至于"友到用时方恨少"。每个人都可能对你有帮助，每个人都是不可轻易放弃的。

第二章　广结人缘，
轻松突破社交"瓶颈"

给对方留下美好的第一印象

人际交往的过程，就是不断地结识新朋友，扩大人脉圈的过程。认识每一个新朋友，离不开第一次交往。懂得第一次交往的艺术，会使人如沐春风、相见恨晚，若不懂交往的方法，就会在交往中如无头苍蝇，到处碰壁。俗话说，良好的开端等于成功的一半，初次交往一定要给人好印象！

在与陌生人交往的过程中，所得到的有关对方的最初印象称为第一印象。初次见面时，对方的仪表、风度所给我们的最初印象往往形成日后交往时的依据。一般人通常根据最初印象而将他人加以归类，然后再从这一类别系统中对这个人加以推论并做出判断。人与人之间的相互交往、人际关系的建立，往往是根据第一印象所形成的论断。第一印象并非总是正确，但却总是最鲜明、最牢固的，并且决定着以后双方交往的过程。

有一天，奥里森·马登去拜访一位在商界很有名的成功人士，这时候，正好有一个销售员来上门推销。那名销售员面带羞怯，走路非常小心，那神情就像是在向大家表明："我知道我没有权利来到这里，但是我已经来了，请您赏个脸，我觉得这你也可能不会同意。"

"我想今天可能没有我的订单，是吗？"他向这名成功人士问道。

先做朋友，后做生意

"哦，是，你改天再来吧。"那位销售员灰溜溜地走了出去，似乎来到商人的办公室本身就是一个巨大的错误。

有一句谚语是这样说的：第一印象永远不可能有第二次机会。可见，良好的第一印象是交往成功、和谐人际关系的良好开端。第一次与人沟通是后续成功发展的关键。人们对你形成的某种第一印象，通常难以改变。而且，人们还会寻找更多的理由去支持这种印象。因此，初次见面就给人留下不好的印象的人，通常是不讨人喜欢的人，而第一次交往就给人留下美好印象的人，更容易受人欢迎。

卡耐基说过："良好的第一印象是登堂入室的门票。"不可否认，给他人第一印象的好坏直接影响着你在他人心目中受欢迎的程度。美国心理学家亚瑟所作有关第一印象的研究中指出，人们在会面之初所获得的对他人的印象，往往与以后所得到的印象相一致。那么，怎样才能给人良好的第一印象呢？从根本上说，需要不断提高自己的文化修养和综合素质，进行经常的心理锻炼。心理学家提出下面几条建议：

1. 注意谈吐。一个人的谈吐可以充分体现其魅力、才气及修养。一个人有没有才气最容易从讲话中表现出来。在社交谈吐时，要注意环境气氛，绝不要喧宾夺主、自说自话。风趣、幽默的言谈给人以听觉的享受和心灵的美感。

2. 注意仪表。仪表是一个人内部思想的体现，它反映了个体内在的修养。得体的仪表，是展现个人魅力的重要手段之一。因为第一次见面，别人是没办法去了解你的内在美的，而你体现在着装上的个性让别人看得明白。如果你穿着得体，那就会给别人留下一个好的印象。注意自己的穿着，不一定要穿最流行、最时髦的衣服，只要穿着整洁，合适你的性格和体型就可以了。

3. 注意行为举止。行为动作是一个人内在气质、修养的表现。男子的举止要讲究潇洒、刚强；女子的举止要注意优美、含蓄。在一般情况下，大方、随和、乐观、热情的人总受人欢迎；炫耀、粗鲁或过于拘束的人则让人生厌。

4. 展现风度。风度是一个人的性格和气质的外在表现，是在长期的社会实践中所形成的美好的言谈、举止、神情、姿态等的自然流露，属于一个人的外部形态。要有美的风度，关键在于个人在实践中培养自身的美的本质，形成美的心灵。古人早就说过："诚于中而形于外。"心里诚实，才有老实的样子。当然，人的风度是多样的，不能强求一律。人的风度的多样性，是人的性格、气质的多样性所决定的。但是，无论性格、气质的多样性也好，还是风度的多样性也好，都应当体现出人的美的本质。只有美的心灵，美的性格、气质，才能有美的风度。

微笑是最好的名片

在这个世界上，有一种全人类的共同语言，它就是"微笑"。笑容是有魔力的，它会感染身边的人，使人与人之间的关系更加融洽。

微笑是人类最动听的语言。真诚自然的微笑，会让一个人变得魅力十足；它传达的是人们心中的一份自信和坦然，这样人们的气场就会传达出积极向上的能量，让人与人之间更亲近、真诚地沟通。

微笑具有挡不住的魅力。一位学者说："对人微笑是高超的社交技巧之一，也是获得幸福的保障。只要活着、忙着、工作着，就不能不微笑……"微笑是人类面孔上最动人的一种表情，是社会生活中美好而无声的语言，它来源于心地的善良、宽容和无私，表现的是一种坦荡和大度。微笑是成功者的自信，是失败者的坚强；微笑是人际关系的黏合剂，也是化敌为友的一剂良方。

有一次，底特律的哥堡大厅举行了一次巨大的汽艇展览，人们争相参观。在展览会上人们可以选购各种船只，从小帆船到豪华的巡洋舰应有尽有。在这期间，有一宗巨大的生意差点丢掉，但第二家汽艇厂用微笑又把客户拉了回来。

一位来自中东某一产油国的富翁，站在一艘展览的大船面前，对站在他面前的销售员说："我想买艘价值2000万美元的汽船。"当然，这对销售员来说是天大好事。可是，那个销售员只是愣愣地看着这位客户，以为他是疯子，不予理会，他认为这位富翁在浪费他的宝贵时间，看着销售员那没有笑容的脸，富翁便走开了。

富翁继续参观，到了下一艘陈列的船前，这次招待他的是一位热情的销售员。这位销售员脸上挂满了亲切的微笑，那微笑就跟太阳一样灿烂，使这位富翁感到非常愉快。于是他又一次说："我想买艘价值2000万美元的汽船。"

"没问题！"这位销售员说，他的脸上挂着微笑，"我会为你介绍我们的汽艇系列。"随后，便推销了他的产品。

在相中一艘汽艇后，这位富翁签了一张500万美元的支票作为定金，并且他又对这位销售员说："我喜欢人们表现出一种对我非常有兴趣的样子，你现在已经用微笑向我推销了你自己。在这次展览会上，你是唯一让我感到我是受欢迎的人。明天我会带一张2000万美元的保付支票回来。"言出必行，第二天他果真带了一张保付支票回来，购下了价值2000万美元的汽艇。

这位热情的销售员用微笑把自己推销出去了，并且连带着推销了他的汽艇。据说，在那次生意中，他可以得到20%的利润，这可以让他少干半辈子活。而那位冷冰冰的销售员，则让自己与好运擦身而过。

看，这就是微笑的魅力。

微笑是世界上最美的表情，是最动听的无声语言，社交中最有力的武器。要想在社交中成为主角，就必须牢牢地把握住最有力的武器——微笑。无论你在什么地方，无论你在做什么，在人与人之间，简单的一个微笑是一种最为普及的语言，她能够消除人与人之间的隔阂。人与人之间的最短距离是一个可以分享的微笑，即使是你一个人微笑，也可以使你和自己的心灵进行交流和抚慰。

在我们的生活中不能没有微笑。一位诗人曾经这样写道："你需要的话，可以拿走我的面包，可以拿走我的空气，可是别把我的微笑拿走。因为生活需要微笑，也正因为有了微笑，生活才有了生气。"的确，在我们的生活中不能没有微笑，微笑是接近他人最好的介绍信。微笑的表情，是一种诚意和善良的象征，是愉悦别人的一种良好形象，同时也是一种引起兴趣和好感的催化剂。

记住名字，赢得好感

在和陌生人交往的过程中，记住对方的名字很重要。只要能够记牢对方的姓名，可以快速拉近彼此的距离，使对方对你产生良好印象。

俗话说：人过留名，雁过留声。姓名是人的标志，人们出于自尊，总是最珍爱它，同时也希望别人能尊重它。美国前总统罗斯福说过："交际中，最明显、最简单、最重要、最能得到好感的方法，就是记住人家的名字。"踏入社会和人交往的第一秘诀就是记住他人的名字，因为记住他人的名字，是尊重一个人的开始，也是与人有效沟通的第一步。

一位德高望重的教授，当有人问他深受学生爱戴的原因时，他说：记住每个学生的名字。

多年以前，有一次，教授在一家饭馆吃饭，忽然听到有人喊他老师，一抬头他发现是他们学院几年前毕业的一个学生和他的女友，看情形是刚交上不久的朋友。碰巧，教授记得这个学生，但当时忘了他的名字，只记得他姓季，就随口叫了"小季"。可等他刚叫出口，那个学生就惊喜得瞪大了眼睛。说了几句话，教授又想起了他的名字，这一次他的惊喜简直无法形容。那位学生激动地说："没想到过了这么多年老师还记得我！"

几天后，教授接到那位学生的电话，他在电话里不停地道谢！原来，他的女朋友起初对他不冷不热，但上次在饭馆吃饭时碰到老师，老师叫出了他的名字，女朋友对他的态度竟然改变了，她说老师过了这么多年仍能叫出了他的名字，说明他在大学时一定很不错。

从那件事以后，教授就意识到，一个老师随口叫出一个学生的名字对这位学生来说是多么重要！所以，后来每接一个新班级，教授做的第一件事情就是在最短的时间内叫出班里所有学生的名字！

在人际交往中，记住对方的名字是极为重要的。这既表现出了你对对方的重视，同时也让对方感到你的亲切，如此一来，对你的好感也就油然而生。抓住了对方的这一心理特征，你也就轻松地赢得了交际的第一回合了。

姓名，是世界上最美妙的字眼，每个人都十分看重自己的姓名。记住并真诚地叫响别人的姓名，它意味着我们对别人的接纳、对别人的尊重、对别人的诚心、对别人的关注。

古人云：不知礼，无以立也；不知言，无以知人也。记住别人的名字，不仅传递了你对别人的尊重，满足了人类基本的心理需求，拉近了人与人之间的距离，产生其他礼节所达不到的效果，也体现了一个人的知识、涵养和魅力所在。

善于记住别人的姓名是一种礼貌，也是一种感情投资，在人际交往中会起到意想不到的效果。美国一位学者曾经说过："一种既简单但又重要的获得好感的方法，就是牢记别人的姓名，并且在下一次见面时喊出他的姓名。"名字作为每个人特有的标识，是非常重要的。对一个人来说，自己的名字是世界上听起来最亲切和最重要的声音，它不但获得友谊、达成交易、得到新的合作伙伴的通行证，而且能立即产生其他语言所达不到的效果。所以，尝试记住他人的名字，不仅是对他人的尊重和表示你对他人的重视，同时也让对方对你产生更好的印象。

世界上天生就能记住别人的名字的人并不多见，大多数人能做到这一点全靠有意培养形成的好习惯。而你一旦养成了这个好习惯，它就能使你在人际关系和社会活动中占有很多优势。

记住对方的姓名，并不是一件轻而易举的事，需要下一点功夫，还得有一套方法，一般能记住大量名字的方法，主要有如下几点：

1.记住每个人的特征。

人有许多方面的特征，有外形的特征，如眼睛特别大，胡子特别多，前额很突出等等；有职业上的特征，如他最擅长某一技术，在某一技术、学识上有受人称道的雅号等等；名字上的特征，有的名字故意用些生僻的字，或者很少用来作名字的字，有的名字与某几个人的名字完全相同，这本来是没有特征的，但可以把"同名共姓"作为一个特征，再把他们区别开来，就容易记忆了。

2.用本子记下对方的名字。

如果对方的名字比较难记，你可以说："我记忆力差，请让我记下来。" 对方不但不会讨厌，还会产生一种自重感，因为你真心实意想记住他的名字。为了防止以后翻到名字也回忆不起来，除了记下名字以外，还要把基本情况如性别、年龄等记下来。这个小本本要经常翻一翻，一边翻一边回忆那一次会见此人的情景，这样，三年五载以后再碰到此人，你也可以叫出他或她的名字来。

称谓得体，顺利敲开交往之门

无论是新老朋友，一见面就得称呼对方。称呼是指人们在正常交往应酬中，彼此之间所采用的称谓语，在日常生活中，称呼应当亲切、准确、合乎常规。正确恰当的称呼，体现了对对方的尊敬或亲密程度，同时也反映了自身的文化素质。

俗语说，"良言一句三冬暖"。得体的称呼就像一份见面礼，给对方带来心理上的满足，使沟通更加顺畅。如果称呼不得体，往往会引起对方的不快，甚至令对方生气，使双方陷入尴尬，造成交往障碍或中断。

有一位长者参加一个产品博览会，一个年轻的推销员主动问道："喂，老头，你买啥？"老人一听这个称呼心里就不高兴，气呼呼地说："不买就不能看看！还叫'老头'？"

推销员也生起气来："你这人怎么不识抬举？怎么，你不是老头子，难道还叫你小孩子不成？"

先做朋友，后做生意

"你，你，简直没有教养，还当推销员呢？！"

老人生气地走开了。

在这个事例中，由于推销员使用不恰当的称呼语而引发了矛盾，话越说越难听，结果把客户气跑了。由此可见，称呼是否得体在一定程度上决定了人们交往活动的成败。心理学家认为，得体的称呼能使人身心愉悦，增强自信，有助于形成亲密和谐的人际关系。而良好的人际关系能使人精神振奋、提高工作效率。而且，得体的称呼也能缩短人和人之间的心理距离。所以在人际交往中，我们要学会正确称呼他人。

1. 选择正确的称呼方式。

（1）职务性称呼。以交往对象的职务相称，以示身份有别、敬意有加，这是一种最常见的称呼。有三种情况：称职务、在职务前加上姓氏、在职务前加上姓名（适用于正式的场合），例如"张经理""李强董事长"。

（2）职称性称呼。对于具有职称者，尤其是具有高级、中级职称者，在工作中直接以其职称相称。称职称时可以只称职称、在职称前加上姓氏、在职称前加上姓名（适用于正式的场合）。例如，"刘工程师""王帅教授"。

（3）行业性称呼。在工作中，有时可按行业进行称呼。对于从事某些特定行业的人，可直接称呼对方的职业，如老师、医生、会计、律师等，也可以在职业前加上姓氏、姓名。例如，"张老师""王医生""赵律师"等。

（4）性别性称呼。对于从事商界、服务性行业的人，一般约定俗成地按性别的不同分别称呼"小姐""女士"或"先生""小姐"是称未婚女性，"女士"是称已婚女性。

（5）姓名性称呼。在工作岗位上称呼姓名，一般限于同事、熟人之间。有三种情况：可以直呼其名，例如"王萌""刘洋"；只呼其姓，要在姓前加上"老、大、小"等前缀，例如，"老张""老李"；只称其名，不呼其姓，例如，一个人叫"王俊杰"，就可以直接称呼为"俊杰"。这种称呼方法通常限于同性之间，尤其是上司称呼下级、长辈称呼晚辈，在亲友、同学、邻里之间，也可使用这种称呼。

2. 称呼的禁忌。

我们在使用称呼时，一定要避免下面几种失敬的做法。

（1）错误的称呼。一般是指误读或是误会。

误读也就是念错姓名。记住他人的名字很重要，为了避免念错名字，事先要有所准备，对于不认识的字要查清楚读音；如果是临时遇到或没有听清楚，就要谦虚请教或请他人重复名字。

误会，主要是对被称呼的年纪、辈分、婚否以及与其他人的关系做出了错误判断。比如，将未婚妇女称为"夫人"，就属于误会。相对年轻的女性，都可以称为"小姐"，这样对方也乐意听。

（2）使用不通行的称呼。有些称呼，具有一定的地域性，比如在有些地方人们会亲昵称呼孩子为"小鬼"，但在其他地方人们会认为是蔑视。北京人喜欢称呼"师傅"，但在其他地方来看"师傅"有可能是"和尚"的意思。

（3）使用不当的称呼。有些人不讲礼貌，见到老年人称呼为"老头""老太太"，会让对方产生不被尊重的感觉。

（4）使用庸俗的称呼。像"老铁""哥们儿""铁磁"等这些称呼，虽然听起来亲切，但在庄重正式的场合不适合使用，显得档次不高。

（5）称呼外号。很多人不分关系远近，见到有人称呼他人外号，也跟着叫，结果弄得对方不高兴。所以对于关系一般的人，不要叫对方外号，更不要自作主张给对方起外号。也不能随便拿别人的姓名乱开玩笑。

总之，称呼他人为一门极为重要的事情，若称呼得不妥当则很容易让他人产生反感，甚至嫉恨在心久久无法释怀。一个热情、友好而得体的称呼，似妙言入耳，如春风拂面，使对方顿生亲切、温馨之感。

尊重对方——成功交际的前提条件

相互尊重，是非常重要的交际法则——显而易见，没有尊重的交往是不可能持续下去的，只有相互尊重，才能相互认可，体验对方的心情，让对方乐于接受。古人云："尊人者，人尊之"，只有尊重自己的交往对象，交往对象也才会尊重你自己。在互相尊重的氛围下，人际沟通才能顺利进行。所以，人与人之间的交往，都应建立在真诚与尊重的基础上。

杰克和约翰去曼哈顿出差，由于在那天早上的第一个约会前有一点时间，两个人可以从容地吃顿早饭。点完菜之后，约翰出去买报纸。过了5分钟，他空手回来了。他摇摇脑袋，含糊不清地发泄着愤怒。

"怎么啦？"杰克问。

约翰答道："我走到对面那个报亭，拿了一份报纸，递给那家伙一张10美元的票子。他不是找钱，而是从我腋下抽走了报纸。我正在纳闷，他开始教训我了，说他的生意绝不是在这个高峰时间给人换零钱的。"

两个人一边吃饭，一边讨论这一插曲，约翰认为这里的人傲慢无理，都是"品质恶劣的家伙"。以后他再也不让任何人给找10美元的票子了。饭后，杰克接受了这一挑战，让约翰在饭店门口看着，自己则横过马路去。

当报亭主人转向杰克时，杰克和顺地说："先生，对不起，我不知道你能不能帮个忙。我是个外地人，需要一份《纽约时报》。可是我只有一张10美元的票子，我该怎么办？"他毫不犹豫地把一份报纸递给杰克道："嗨，拿去吧，找开钱再来！"

杰克兴高采烈地拿了"胜利品"凯旋。杰克的同伴摇摇脑袋，随后他把这件事称为"街上的奇迹"。

杰克顺口道："我们这次任务又多得一分，差别在于方法。"

这个故事讲述了一个事实：尊重他人是你获得合作的保证。

这就是尊重的力量。有时候，人与人之间的关系不能仅仅用金钱来衡量，稍稍表示一下尊重，可能换得别人的热情相助。礼貌和尊重可以塑造友好的气氛，让社交更加顺利。哲学家威廉·詹姆士说过："潜藏在人们内心深处的最深层次的动力，是想被人承认、想受人尊重的欲望。"渴望受人喜爱、受人尊敬、受人崇拜，这是人类天生的本性。但是，有取必有予，我们希望获得些什么，也就必须首先付出些什么。我们希望获得别人的尊重，这就要求我们每一个人都要先学会尊重他人，这样我们才能获得别人的尊重。

"人不如己，尊重别人；己不如人，尊重自己。"无论身处何位，尊重别人与自我尊重一样重要。一个人只有懂得尊重别人，才能赢得别人真正的尊重。

67岁的玛格丽塔·温贝里是瑞典一名退休的临床医学家，住在首都斯德哥尔摩附近的松德比贝里。一天早上，温贝里收到邮局送来的一张请柬，邀请她参加政府举办的一场以环境为主题的晚宴。

温贝里有些疑惑，自己只是一名医务工作者，跟环境保护几乎没有什么关联，为什么会被邀请呢？温贝里将请柬仔仔细细看了好几遍，确认上面写的就是自己的名字后，放下心来："看上去没什么不对的，我想我应该去。"于是，温贝里满心欢喜地挑选了一套只有出席重大活动时才穿的套装，高高兴兴地赴宴去了。

　　赶到现场，温贝里不由得吃了一惊：参加晚宴的竟然都是政府高级官员。其中就有环境大臣莱娜·埃克，他们曾经在其他活动中见过面。看到温贝里后，埃克先是一愣，然后马上向她报以最真挚的笑容："欢迎你，温贝里太太。"接着热情地将温贝里带到相应的座位上。温贝里和政府要员们一起进餐，并聆听了他们对环境问题的看法和建议。

　　宴会结束后，按惯例要拍照留念，埃克邀请温贝里坐在第一排。就这样，温贝里度过了一个愉快的晚上。

　　几天后，温贝里浏览报纸时，看到了自己参加晚宴的合影和一则新闻报道："政府宴请送错请柬，平民赴约受到款待。"

　　原来，环境大臣埃克本来邀请的是前任农业大臣玛格丽塔·温贝里，由于工作人员的失误，把请柬错送到和农业大臣同名同姓的平民温贝里手中。对此，埃克表示："不管她是谁，只要来参加宴会，就应该受到尊重和礼遇。"

　　看到这里，温贝里不由得心头一热，敬重之情油然而生：埃克明知她是一个"冒牌货"，非但没有当场揭穿，反而给予了她大臣一样规格的礼遇，这样不动声色的尊重足以令她欣慰一生。

　　尊重的最高境界不是体现在轰轰烈烈的大事之中。有时候，越是微不足道的生活细节，越是不经意的自然流露，越发见得尊重的可贵。

"己所不欲，勿施于人"，是尊重他人的基本原则。心理学研究表明，人都有友爱和受尊敬的欲望，并且交友和受尊重的希望都非常强烈。人们渴望自立，成为家庭和社会中真正的一员，平等地同他人进行沟通。如果你能以平等的姿态与人沟通，对方会觉得受到尊重，而对你产生好感；相反地，如果你自觉高人一等、居高临下、盛气凌人地与人沟通，对方会感到自尊受到了伤害而拒绝与你交往。

任何人都有自尊和被人尊重的需要。一句古语说得好："君子敬而无失，与人恭而有礼。"只有尊敬别人才能换来别人对你的尊敬，只有互相尊敬才能互相受益。

我们活在这世上，人人都需要别人的尊重与认可，当你主动尊重别人，给人以真诚、温暖与鼓励的时候，他们也将用同样的方式对待你。

别让不良的举止毁了你

莎士比亚曾说："诚恳的举止态度，往往能感动他人，使他变得和你一样真诚。"因此你的一言一行、举手投足、音容笑貌，行为态度决定着你的成功与失败，良好的行为举止，自信的仪表风度可以助您成功。

　　有一位保险推销员几乎已经成功地说服了他的客户，可是当他们站到办公室的吧台前谈具体事宜时，他的站姿却坏了事：他歪歪斜斜地站在那里，一只脚还不停地点地，好像打拍子一样。这位客户觉得保险推销员是在表示不耐烦和催促，于是，他就用"下一次再说吧"把这位保险推销员打发走了。

　　这个事例中保险推销员的不雅站姿，使得本该成功的交易前功尽弃，这就是举止无礼的后果。

　　行为举止是一种无声的语言，是一个人的性格、修养和生活习惯的外在表现。在人际交往中，你的行为举止，直接影响着别人对你的评价，因此一定要养成良好的习惯，在任何时候都要做到举止高雅，坐、立、行都要大方得体。

　　1.站姿

　　站立是人们日常交往中一种最基本的举止。站姿是生活中以静为造型的动作，常言说："站如松"，就是说，站立不仅要挺拔，还要优美典雅，站姿是优美举止的基础，是表现不同姿态美的起始点。站立时，身体应与地面垂直，重心放在两个前脚掌上，挺胸、收腹、收颌、抬头、双肩放松。双臂自然下垂或在体前交叉，眼睛平视，面带笑容。站立时不要歪脖、斜腰、屈腿等，在一些正式场合不宜将手插在裤袋里或交叉在胸前，更不要下意识地做些小动作，那样不但显得拘谨，给人缺乏自信之感，而且也有失仪态的庄重。

2. 坐姿

坐也是一种静态造型。端庄优美的坐，会给人以文雅、稳重、自然大方的美感。正确的坐姿应该：腰背挺直，肩放松。女性应两膝并拢；男性膝部可分开一些，但不要过大，一般不超过肩宽。双手自然放在膝盖上或椅子扶手上。在正式场合，入座时要轻柔和缓，起身要端庄稳重，不可猛起猛坐，弄得桌椅乱响，造成尴尬气氛。不论何种坐姿，上身都要保持端正，如古人所言的"坐如钟"。若坚持这一点，那么不管怎样变换身体的姿态，都会优美、自然。

3. 走姿

行走是人生活中的主要动作，走姿是一种动态的美。"行如风"就是用风行水上来形容轻快自然的步态。正确的走姿是：轻而稳，胸要挺，头要抬，肩放松，两眼平视，面带微笑，自然摆臂。

4. 忌不雅

在人们日益注重自身形象的今天，我们仍然遗憾地看到，一些表面看上去大方得体的人，在众目睽睽之下做出一些不雅的举动，令其形象大打折扣。因此在日常生活中，你应该有意识地避免一些习以为常，然而确实极为不雅的举止，包括：

在一个不吸烟的人面前吸烟。这是一种不尊重对方的行为，这样做不仅会令对方感到不舒服，还会令他对你"唯恐避之而不及"。

当众搔痒。搔痒动作非常不雅，如果你当众搔痒，会令人产生不好的联想，诸如皮肤病、不爱干净等，让人感觉不舒服。

对着他人咳嗽或随地吐痰。这也是一种应该杜绝的恶习。每一个现代文明人，都应清醒地认识到，随地吐痰是一种破坏环境卫生的不良行为，姑且不论别人看见你随地吐痰后做何感想，这种举动本身就意味着你缺乏修养。

打哈欠、伸懒腰。这样会让人觉得你精神不佳或不耐烦。

当众照镜子。显得你对自己的容貌过于注重或没有自信；也是目中无人的一种表现，容易引起别人的反感。

搭乘公共交通工具时争先恐后，不排队。这种推推搡搡，互不相让的恶习，应该坚决摈弃。在公共场所礼让老人、妇幼，是人的基本美德，也是一个人素质高的体现。

交叉双臂抱在胸前，摇头晃脑的。这样的举止会令人觉得你不拘小节，是个粗心的人。

双脚叉开、前伸，人半躺在椅子上。这样显得非常懒散，而且缺乏教养，对他人不尊重。

优雅的举止往往能给人留下美好的印象，使自己变得受欢迎；而举止粗俗随便的人往往让人敬而远之。要做到举止文明，首先要从思想上重视起来，不要认为行为举止是小节问题，要从小处着眼，从小事做起，经过慢慢地培养和积累，就会让自己变成一个举止优雅且有内涵的人。

优雅的谈吐讨人喜欢

哈佛大学前任校长伊立特说过："在造就一个有教养的人的教育中，有一种训练是必不可少的，那就是，优美而文雅的谈吐。"在人际交往中，我们都要通过交谈来打动别人，很多人之所以深受人喜爱，在很大程度上归功于善于辞令。第一印象最重要，优雅的谈吐可以使自己广受欢迎，更有助于事业的成功。

有对父子冬天在镇上卖便壶（俗称"夜壶"）。父亲在南街卖，儿子在北街卖。不多久，儿子的地摊前有了看货的人，其中一个看了一会儿，说道："这便壶大了些。"那儿子马上接过话说："大了好哇！装的尿多。"那人听了，觉得很不顺耳，便扭头离去。在南街的父亲也遇到了顾客说便壶大的情况。当听到一个老人自言自语说"这便壶大了些"后，父亲马上笑着轻声地接了一句："大是大了些，可您想想，冬天夜长啊！"好几个顾客听罢，都会意地点了点头，继而掏钱买走了便壶。

父子俩在一个镇上做同一种生意，结果迥异，儿子一句话砸了生意，父亲一句话盘活了生意。这也正说明了"优雅谈吐"的重要性。

在人际交往中，如果能做到言之有礼，谈吐文雅，就会给人留下良好的印象，同样也会有益于社交活动；相反，如果满嘴脏话，甚至恶语伤人，令人反感是必然的，自然也会大大地阻碍社交活动的进展。所以我们一定要改掉不良的说话习惯，特别注意说话得体，讲究语言之美。

1. 说话用鼻音。用鼻音说话是一种常见且影响极坏的缺点，当你使用鼻腔说话时，就会发出鼻音。如果你用大拇指和食指捏住鼻子，你所发出的声音就是一种鼻音。如果你说话时嘴巴张得不够，声音也会从鼻腔而出。在电影里，鼻音是一种表演技巧，如果演员扮演的是一种喜欢抱怨、脾气不好的角色，他们往往爱用鼻音说话。如果你使用鼻音说话，鼻音对于女人的伤害比对男人更大，你不可能见到一位不断发出鼻音，却显得迷人的女子。如果你期望自己在他人面前具有极大的说服力，或者令人心旷神怡，那么你最好不要使用鼻音，而应使用胸腔发音。正确的方法是，平时说话时，上下齿之间最好保持半寸的距离。

2. 说话忽快忽慢。一般来讲，说话的速度很难掌握，即使是一些职业演说家或政治家，有时也不容易把握好自己说话的速度。说话太快，别人就听不懂你在说些什么，而且会听得很累，喘不过气来。说话太慢，人们就会根本不听你说，因为他们缺乏耐心。据专家研究，适当的说话速度为每分钟 120～160 个字之间，当我们朗读时，其速度要比说话快。而且说话的速度不宜固定，你的思想、情绪和说话的内容会影响你表达的快慢。说话中把握适度的停顿和速度变化，会给你的讲话增添丰富的效果。为了测量自己说话的速度，你可以按照正常说话的速度念上一段演讲词，然后用秒表测出自己朗读的时间。如果你说话的速度每分钟不到上面那个标准，就可以试着调整说话速度，看是否会收到良好的效果。

3．矫揉造作 。矫揉造作有多种形式的表现，有的人喜欢在交谈中加进几句英文或法文；有的人喜欢在谈话中加进几个学术性的名词；有的人喜欢把一些流行的字眼挂在口头；有的人又喜欢引用几句名言，放在并不适当的地方。这会让人觉得你在卖弄学识，故作高深，还不如自然、平实的言语更容易让人接受。

4．口头禅过多。日常生活中，人们听到这样的口头禅，如"那个""你知道不""是不是""对不对""嗯"等。如果一个人在说话中反复不断地使用这些词语，一定会损害自己说话的形象。口头禅的种类繁多，即使是一些伟大的政治家在电视访谈中也会出现这种毛病。当然谈话中"啊""呃"等声音过多，也是一种口头禅的表现，著名演说家奥利佛·霍姆斯说："切勿在谈话中散布那些可怕的'呃'音。"如果你有录音机，不妨将自己打电话时的声音录下来，听听自己是否有这一毛病。一旦弄清了自己的毛病，那么以后在与人讲话的过程中就要时时提醒自己注意这一点。

5．讲粗话 。讲粗话是说话的恶习。俗话说，习惯成自然。随便什么事情，只要成了习惯，就会自然地发生。讲粗话也是如此，一个人一旦养成了讲粗话的习惯，往往是出口不雅，自己还意识不到。讲粗话是一种坏习惯，是极不文明的表现，但要克服这种习惯也并不是一件易事。比较有效的办法是，找出自己出现频率最高的粗话，集中力量首先改掉它。首先是改变讲话频率，每句话末停顿一下；其次讲话前提醒自己，改变原有的条件反射。出现频率最高的粗话改掉了，其他粗话的克服也就不难了。

6．手脚动作过多。手脚动作过多，即说话时动作过于频繁。可以检查一下自己，是否在说话时不断出现以下动作：坐立不安、蹙眉、扬眉、歪嘴、拉耳朵、摸下巴、搔头皮、转动铅笔、拉领带、弄指头、摇腿等。这都是一些影响你说话效果的不良因素。如果在说话时，动作过于频繁，听者就会被你的这些动作所吸引，而讲话内容就会被人忽视。

7．咬字不清。有的人在谈话中，常常会有些字句含含糊糊，叫人听不清楚或者误解了他的意思。所以，不说则已，只要开口，就最好把每一个字都清楚准确地说出来。

8．用字笼统。有许多人喜欢用一个字去替许多字，譬如，他在所有满意的场合，都用一个"好"字来代替。他说："这歌唱得真好？""这是一篇好文章。""这山好，水也好！""这房子很好。""这个人很好。"……其实，别人很想知道一切究竟是怎样好法。这房子是宽敞，还是设计得很别致呢？材料很结实吗？这人是很老实呢，还是很慷慨、很喜欢别人呢？单是一个"好"字，就叫人有点摸不着头脑。还有这样的人，用"那个"这两个字代替几乎所有的形容词，例如："这部影片的确是很那个的。""这件事未免太那个了。""这封信叫人看了很那个的。"……这一类毛病，主要是由于头脑偷懒，不肯多费一点精神去寻找一个适当的、恰如其分的字眼。如果放任这种习惯，所说的话就容易使人觉得笼统空洞，没有内容，因而也就得不到别人适当的重视了。

9．过于夸张。喜欢用夸张的语言去强调一件事物的特性，以引起别人的注意。但也有人无论在什么场合都采用这种说法。例如："这个意见非常重要。""这本书写得非常精彩。""这是一部非常伟大的戏剧。""这种做法是极端危险的。""这个女人简直是无法形容的美丽。"……如此这般，讲得多了，别人也就自然而然地把你所夸大的字眼都大打折扣，这就使你语言的威信大为降低了。

10．逻辑混乱。在叙说事理的时候，最重要的是层次清晰，条理分明。所以，在交谈以前，必先在脑子里将所要讲的事情好好地整理一下，分成几个清楚明确的段落，摒除一些不大重要的细节。不然的话，说起话来就会拖拖拉拉，夹杂不清了。特别是当一个人叙述自己亲身经历的时候，更容易因为特别起劲，巴不得把所见所闻全盘托出，结果却叫人听起来非常吃力。

关注个人形象，注重仪表美

生活中，一个人的仪表很重要，从仪表可以看出一个人的精神状态，是人们交往中的"第一形象"。所谓仪表，即人的外表，它包括服饰和容貌等方面，是一个人精神面貌的外观体现。注重仪表是讲究礼节礼貌的表现，是对他人的一种尊重。仪表美使人们在思想上感情上容易沟通，有利于增进相互了解和友谊，受人尊重是人们在社交活动中最普遍的心理需要。仪表美在一定程度上起到调整人际关系，增进友谊的作用。

一位经销商曾讲过这样一故事：

A公司是国内很有竞争力的公司，他们的产品质量好，销售业绩不错。

经销商说："有一天，我的秘书电话告诉我A公司的销售人员约见我。我一听是A公司的就很感兴趣，听客户讲他们的产品质量不错，我也一直没时间和他们联系。没想到他们主动上门来了，我就告诉秘书让他下午三点到我的办公室来。"

"三点十分我听见有人敲门，就说请进。门开了，进来一个人。穿一套旧的皱皱巴巴的浅色西装，他走到我的办公桌前说自己是A公司的销售员。"

"我继续打量着他，羊毛衫，打一条领带。领带飘在羊毛衫的外面，有些脏，好像有油污。黑色皮鞋，没有擦，看得见灰土。"

"有好大一会，我都在打量他，心里在开小差，脑中一片空白。我听不清他在说什么，只隐约看见他的嘴巴在动，还不停地放些资料在我面前。"

他介绍完了，没有说话，安静了。我一下子回过神来，我马上对他说"把资料放在这里，我看一看，你回去吧！"

"就这样我把他打发走了。在我思考的那段时间里，我的心里没有接受他，本能地想拒绝他。我当时就想我不能与A公司合作。后来，另外一家公司的销售经理来找我，一看，与先前的那位销售人员简直是天壤之别，精明能干，有礼有节，是干实事的，我们就合作了。"

外表对一个人而言，就好比商品的外包装。包装纸如果粗糙，里面的商品再好，也会容易被人误解为是廉价的商品。在社会交往中，人们首先是通过仪表开始相互认识的。在最初的交往中，仪表往往比一个人的档案、介绍信、证明、文凭等的作用更直接，更能产生直觉的效果。对方往往通过仪表来判断一个人的身份、地位、职业、学识、个性等。外表给人的第一视觉印象常常会使人形成一种特殊的心理定式和情绪定式。修整得体的仪表能够给人留下深刻的印象，无形地左右着人们相互交往的进展与深度。从这个意义上说，仪表美是社交活动的"通行证"。

刚进入推销行业时，法兰克的着装、打扮非常不得体，公司一位最成功的人士对法兰克说："你看你，头发长得不像个推销员，倒像个橄榄球运动员。你应该每周理一次发，这样看上去才有精神。你连领带都不会系，真该找个人好好学学。你的衣服搭配得多好笑，颜色看上去极不协调。不管怎么说吧，你得找个行家好好地教你打扮一番。"

"可你知道我根本打扮不起！"法兰克辩解道。

"我会帮你省钱，你不会多花一分钱的。你去找一个专营男装的老板，如果你一个也不认识，干脆找我的朋友斯哥特，就说是我介绍的。见了他，你就明白地告诉他你想穿得体面些却没钱买衣服，如果他愿意帮你，你就把所有的钱都花在他的店里。这样一来，他就会告诉你如何打扮，包你满意。这么做，既省时间又省钱，你干吗不去呢？这样也更容易赢得别人的信任，赚钱也就更容易了。"

这些话说得头头是道，法兰克同意了。

法兰克去一家高级的美发厅，特意理了个生意人的发型，还告诉人家以后每周都来。这样做虽然多花了些钱，但是很值得，因为这种投资马上就赚回来了。

法兰克又去了那位朋友所说的男装店，请斯哥特先生帮他打扮一下。斯哥特先生认认真真地教法兰克打领带，又帮法兰克挑了西服以及与之相配的衬衫、袜子、领带。他每挑一样，就评论一番，解说为什么挑选这种颜色、式样，还特别送法兰克一本教人着装打扮的书。不光如此，他还对法兰克讲一年中什么时候买什么衣服，买哪种最划算，这可帮法兰克省了不少钱。法兰克以前老是一套衣服穿得皱巴巴时才知道换，后来注意到还得经常洗熨。斯哥特先生告诉法兰克："没有人会好几天穿一套衣服。即使你只有两套衣服，也得勤洗勤换。衣服一定要常换，脱下来挂好，裤腿拉直。西服送到干洗店前就要经常熨。"

过了不久，法兰克就有足够的钱来买衣服了，他又掌握了斯哥特所讲的省钱的窍门，便有好几套可以轮换着穿了。

还有一位鞋店的朋友告诉法兰克鞋要经常换，这跟穿衣服一样，勤换可以延长鞋子的寿命，还能长久地保持鞋的外形。

不久，法兰克就发现这样做起作用了。光鲜亮丽、整整齐齐的外表能够给客户传递出一种积极的态度，这种积极的态度有助于客户对你产生好感，从而对你的商品产生好感，促成交易。

成功的外表总能吸引人们的注意力，帮助你事业成功。它像是一张特殊的名片，又像是一则生动的广告，在社会交往中常常能起到"未见其人，先闻其名"的效果。

在日常生活中，我们常常听到这样的劝告：不要以貌取人。但是经验告诉我们，人是很难做到不以貌取人的。从人的审美眼光出发，爱美之心人皆有之，人们对美的认识，很多时候是从第一印象中产生的，而人的仪表恰好承载了这一"特殊"的任务。

良好的仪表犹如一支美丽的乐曲，它不仅能够给自身提供自信，也能给别人带来审美的愉悦，既符合自己的心情，又能左右他人的感觉，使你办起事来信心十足，一路绿灯。因此，在与人交往中，你的外表给人留下的印象是深刻的，这一点不容小视。一个外貌整洁、干净利落的人，总会给人仪表堂堂、精神焕发、充满自信的印象。

总之，良好的形象有助于增强人际间的吸引力，能够将别人的眼光、信赖、好感、机遇等都吸引到你的身上，能够让你建立自信，积极潇洒地投入到社会生活之中，能够帮你赢得左右逢源的人际关系。因此，从现在开始，你就应该注意保持自己的良好形象。

得体的自我介绍为你敲开交往的大门

在日常生活和工作中，人与人之间需要进行必要的沟通，以寻求理解、帮助和支持。自我介绍是最常见的与他人认识、沟通、增进了解、建立联系的方式。

社交场合中并不人人都相识，而参与社交的人往往希望结识更多的朋友，因此，自我介绍便成了社交中必不可少的方式了。自我介绍是向别人展示你自己的一个重要手段，自我介绍好不好，甚至直接关系到你给别人的第一印象的好坏及以后交往的顺利与否。在人际交往中，如果能正确得体地介绍自己，不仅可以扩大自己的交际范围，广交朋友，而且有助于自我宣传、自我展示。

某建筑公司采购员到某钢厂买钢材。他一进供销科的门，就对坐在办公桌边的一位先生说："您好！我是某某建筑公司的采购员，来你们厂买圆钢，希望你能帮忙。"说着掏出介绍信。那位先生接过介绍信看一下，赶忙说："我叫李来顺，是厂里的推销员，咱们坐下来谈谈。"通过这样一番简单的自我介绍，钢材贸易的大门打开了，洽谈有了一个良好的开端。

与人初次相见，一个巧妙的自我介绍，无疑为你和陌生人之间搭起了一座沟通的桥梁，是交际成功的第一步。每一个沟通高手，与陌生人交谈，都知道如何巧妙介绍自己，从而博得对方的好感。

自我介绍是一个人的"亮相"，人们的评价就从此时开始。在某种意义上来说，自我介绍是社交活动的一把钥匙。这把钥匙如果运用得好，可使你在以后的活动中得心应手；反之，由于已造成了不良的第一印象，也会使你觉得困难重重。

　　我叫周百灵，熟悉的朋友都会直接叫我百灵，一来是方便，二来是大家都说我的声音就跟百灵鸟一样好听，不知道大家是不是也这样认为。我为人比较开朗大方，偶尔还会来点儿小幽默，说到我的兴趣和特长，那可谓是五花八门。音乐和体育是我平时最喜欢的，比如爱听周杰伦的音乐，一个月会去一次KTV，几个月会去打一次保龄球，就是所谓的爱好体育了。此外我还爱好阅读和烹饪，不过朋友都取笑我说"如果偶尔煮煮方便面也算爱好烹饪，偶尔读读美容杂志，也可以号称爱好阅读的话，那你还真是实至名归。"

　　呵呵，跟大家开个玩笑，其实我还真是样样都喜欢，爱好广泛，相信跟很多人都能聊到一块儿。希望借今天这个平台，能结交到更多的朋友。

　　这是在一次联谊活动中周百灵的自我介绍，活泼幽默的语言让人印象深刻，一下子和陌生人拉近了距离。

　　自我介绍是向别人展示你自己的一个重要手段，自我介绍好不好，直接关系到你给别人的第一印象的好坏及以后交往的顺利与否。那么，应该怎样做自我介绍呢？交往心理学家为我们提出了几点建议：

1.注意内容。自我介绍的内容，通常包括本人姓名、年龄、籍贯、学历、简历、特长、兴趣等。至于是否要"和盘托出"，你可根据交际的目的、场合、时限和对方的需要等做出恰当的判断，尽量使介绍能满足对方的期待。

2.注意时间。进行自我介绍一定要力求简洁，尽可能地节省时间。通常以半分钟左右为佳，如无特殊情况最好不要长于1分钟。为了提高效率，在做自我介绍的同时，可利用名片、介绍信等资料加以辅助。

3.讲究态度。进行自我介绍，态度一定要自然、友善、亲切、随和。应落落大方，彬彬有礼。既不能唯唯诺诺，又不能虚张声势，轻浮夸张。进行自我介绍要实事求是、真实可信，不可自吹自擂、夸大其词。语气要自然，语速要正常，语音要清晰。

4.注意方法。进行自我介绍，应先向对方点头致意，得到回应后再向对方介绍自己。如果有介绍人在场，自我介绍则被视为是不礼貌的。应善于用眼神表达自己的友善，表达关心以及沟通的渴望。如果你想认识某人，最好预先获得一些有关他的资料或情况，诸如性格、特长及兴趣爱好。这样，在自我介绍后，便很容易融洽交谈。在获得对方的姓名之后，不妨口头加重语气重复一次，因为每个人都乐意听到自己的名字。

5.注意时机。当你与陌生人初次见面时，必须及时、简要、明确地做自我介绍，让对方尽快了解。相反，见面时相互凝视半天，你仍沉默或前言不搭后语，对方会很不愉快，甚至会产生许多疑问，使之不愿意与你交往。当然，若对方正与他人交谈，或大家的精力正集中在某人、某事上，则不宜做自我介绍；而对方一人独处时进行自我介绍，则会产生良好效果。

第三章　为人处世，
生意人一定要懂得人情世故

如何与陌生人一见如故

在生活中，我们时常都会遇到陌生人，飞机上的邻座、火车同一车厢上下铺的旅客、地铁或是汽车上站在你旁边的乘客、同乘一部电梯的过客、同在一个屋檐下躲雨的路人、同一考场的考生、参加同一次面试的求职者等等。常言说得好："相逢即是有缘。"多个朋友，多条路，朋友多了好办事。当你遇到陌生人的时候，如何与他或她交谈呢？

李军是一位铁杆球迷，常常既为了推销又为了看球赛而四处奔走。有一次，在去深圳的火车上，他的邻座是位山东口音很重的小伙子，闲来无事，李军就和他侃起来。他一开始先故作惊讶地得知他是位山东人，然后顺口赞美山东人的豪爽、够朋友，他说他有好几位山东籍的朋友，人特豪爽。小伙子自然高兴，自报家门，他叫张亮，是青岛人，并戏谑地说山东自古出"响马"，是很讲朋友义气的，山东人大多粗犷、豪放。而李军话锋一转，说山东人也很团结，特别是山东足球队，虽然每位队员都不是非常出色，但是他们团结一致，奋力拼搏，经常取得好的成绩。恰巧张亮也是位球迷，两人直侃得天昏地暗，下车后互留了通信地址。在张亮的介绍下，李军认识了很多球迷，其中有一位就是他这次南下准备争取的客户吉。吉和张亮关系很不错，于是李军轻松地完成了这次推销任务，也为公司赢得了一位大客户，更值得高兴的是，他也结交了许多朋友。

正所谓"万事开头难"，在人际交往中，要想很好地与他人交流，关键是学会"没话找话"，和对方有"共鸣"。很多人怕与陌生人交往，主要是和陌生人不知道说什么，感觉总找不到话题交流，其实只要你做个有心人，谈话时多加留意，就不难发现彼此对某一问题有相同的观点，或者有共同的爱好和兴趣、共同的关注点，就此可以顺利地展开交谈。

怎样才能找到好话题呢？

1.留心观察。一个善于观察事物、分析问题、处理矛盾的人，只要把寻找话题的着眼点放在他人身上，话题就会取之不尽用之不竭。一个人的心理状态，精神追求等等，都或多或少地要在他们的表情、服饰、谈吐、举止等方面有所表现，只要你善于观察，就会发现你们的共同点。例如，他和你一样都穿了一双耐克气垫运动鞋，你就可以以耐克鞋为话题开始你们的谈话。

2.以话试探。两个陌生人相对无言，为了打破沉默的局面，首先要开口讲话，可以采用自言自语，例如，"天太冷了"，对方听到这句话便可能会主动回答将谈话进行下去。还可以以动作开场，随手帮对方做点事，如推下行李箱等；也可以发现对方口音特点，打开开口交际的局面，例如：听出对方的东北口音，说："东北人吧？"以此话题便可展开。

3.循趣发问。问明他人的兴趣，循趣发问，能顺利地进入话题。每个人都有自己的兴趣爱好，即使一个再沉默寡言的人，只要与人谈起他的兴趣爱好，他也会口若悬河。如对方喜爱象棋，便可以此为话题，谈下棋的情趣，车、马、炮的运用，等等。如果你对下棋略通一二，肯定谈得投机；如你对下棋不太了解，那也正是个学习机会，可静心倾听，适时提问，借此大开眼界。你也可以先谈谈自己的兴趣爱好，来个抛砖引玉，然后在彼此的兴趣爱好里寻求共鸣点，以此加深了解，增进感情，并把彼此兴趣爱好扩大到一个广阔的领域。

4.以对方为话题。人们往往千方百计地想让别人注意自己，但大部分的"成绩"都令人失望，因为他不会关心你、我，他只会关心他自己。因此，以对方作为谈话的开端，往往能令他人产生好感。赞美陌生人的一句"你的衣服颜色搭配得真好""你的发型很新潮"。能使他快乐且缓和彼此的生疏。也许，我们大多数人都没有说这话的勇气，不过我们可以说："您看的那本书正是我最喜欢的。"或是"我看见您走过那家便利店，我想……"

5.细加揣摩，仔细分析。为了发现与陌生人的共同点，应该留心那些你需要交际的人跟别人的谈话，对他们的谈话进行分析，揣摩。如果你能够与这样的人直接谈话，更要认真揣摩对方的话语，从中发现共同点。

总之，朋友相交，重在交流，由陌生人到朋友需要通过交流才会相互了解，要在掌握交谈艺术的同时激发对方的谈话欲望。只有这样才能彼此加深了解，从陌生走向熟悉，进而成为朋友。

诙谐幽默会让你更受人欢迎

幽默是人际交往中的吸铁石，可以将周围的人吸引到你身边来。幽默也是转换器，可以将痛苦转化为欢乐，将烦闷转化为欢畅。每个人都喜欢与机智幽默的人做朋友，而不愿与忧郁沉闷、呆板、木讷的人交往。

作家纪伯伦曾说过："大智慧是一种大涵养，有涵养的人才善于学习。我们从健谈的人身上学到了幽默。"幽默的谈吐，是社交场合必备的智慧，幽默风趣的人往往更受人欢迎。

有这样一个笑话。有两家保险公司的销售人员在销售本公司的保险业务时，争相夸耀自己公司的服务如何周到，付款如何迅速。A公司的业务员说，他的保险公司十有八九是在意外发生的当天就把支票送到投保人的手中。而B公司的业务员也不甘认输，于是便取笑说："那算什么！我们公司在一幢四十层大厦的第二十三层。有一天，我们的一位投保人从顶楼摔下来，当他在摔落的途中经过二十三层时，我们就已经把支票塞到了他的手里。"其结果是那位B公司的业务员赢得了更多的客户。

这虽然是个笑话，却能让人感受到幽默的魅力。幽默有助于社交活动，幽默的谈吐，是社交场合必备的智慧。在成功的人际交往中，幽默能使人在不利的情况下保持快乐的心情，也能使周围的人与自己一同快乐。

有人说："博人好感者必善于幽默。"虽然这句话显得有点太夸张绝对，但是，幽默在人际交往中确实起着不可小觑的作用。如果你想在交往中很快得到别人的友谊，就要善于运用幽默的力量。

有一位植物学教授，他教的课程虽然是冷门课程，但只要是他上课，几乎堂堂爆满，甚至还有人宁愿站在走廊边旁听，原因并不是这位教授专业知识多吸引人，而是他的幽默风趣风靡了全校园，使得学生们都喜欢上他的课。

一次，该教授带领一群学生深入山区做校外实习，沿途看到许多不知名的植物，学生好奇地一一发问，教授都详细地回答解说，一位女同学不禁停下了脚步，对着教授赞叹地说："老师，您的学问好渊博呀，什么植物都知道得那么清楚！"教授回头眨了眨眼，扮个鬼脸笑道："这就是我为什么故意走在你们前头的原因了，只要一看到不认识的植物，我就'先下脚为强'赶紧踩死它，以免露馅！"学生们听了哈哈大笑，可见，这次实习之旅是一趟充满了笑声的愉悦之旅。

当然，教授只是开个玩笑，幽默一下而已，这也就是他广受学生欢迎的原因。

幽默可以彰显一个人无穷的魅力，在人际交往中，如果能巧妙运用幽默的语言，就会增加你的人气，提升你的魅力。

先 做朋友，后 做生意

这世上还有什么比欢笑更能感染人的呢？只要你掌握了给人带来快乐的方法，你也就更容易获得人们的接受和肯定，成为一个社交场上有影响力的人。"百万富翁的创造者"拿破仑·希尔曾经说过："如果你是个幽默的人，那么你就会轻而易举地去影响你周围的人，让他们永远喜欢你；如果你是个悲愤的人，即使你身边充满了欢乐的海洋，你也会看不到的。"

有人说，当你同别人一起笑的时候，感情也就和他人之间得到了交流。很多人之所以招人喜欢，让人愿意与其交往，不仅因为他是个极有才华的人，更主要的原因是他的幽默能够活跃气氛，给人留下深刻的印象和美好的回忆，使得彼此之间第一次交往就变成朋友之间友好的聚会。

一次，威尼斯新执政官上任，举办了一场宴会，诗人但丁虽然与宴会主办方并不熟悉，但因为很有名望，也收到了邀请，并且应邀出席。宴会上，侍者端给意大利各城邦使节的是一条条很大的煎鱼，而给但丁送上的却是几条小鱼。

但丁没有品尝佳肴，只是故意当着主人的面，把盘里的小鱼逐条拿起靠近耳朵，然后又一一放回盘中。宴会主人见此情况，就问但丁，为什么做这种莫名其妙的动作。

但丁站起身来，清了清嗓子，以在场所有人都能听到的音量回答：

"几年前，我的一位朋友，很不幸在海上遇难了。自那以后，我始终不知道他的遗体是否安然埋于海底。所以，我就问问这些小鱼，也许它们多少知道一些情况。"

宴会主人对此很感兴趣："那么，它们又对你说了些什么呢？"

但丁故弄玄虚地回答："小鱼们告诉我说，那时它们都很幼小，对过去的事情不太了解，不过，也许邻桌的大鱼们知道一些具体情况。它们建议我向大鱼们打听打听。"

宴会主人不由得笑了，转身责备侍者不应怠慢贵客，吩咐他们马上给诗人端上大煎鱼。

像但丁这样，在宴会中受到不公平待遇，又因为与主办人不熟悉，沟通不畅，互相也不够了解，换了别人，很可能早已愤怒离席。但是但丁不仅没有拍案而起，反而将自己的不满幽默婉转地表达出来。这种幽默地指出对方的过失，同时又为自己提出要求的委婉技巧，任何人听了都不可能无动于衷，必然是一边为对方机智的谈吐逗笑，一边又不无歉意地请求对方原谅自己考虑不周。

言语表达幽默生动，这是一个人知识和智慧的表现，有利于取得良好的沟通效果。在交往中，幽默语言如同润滑剂，可有效地降低人与人之间"摩擦系数"，化解冲突和矛盾，并能使我们从容地摆脱沟通中可能遇到的困境。

幽默大师卓别林曾经说过："幽默是智慧的最高表现，具有幽默感的人最富有个人魅力，他不仅能与别人愉快相处，更重要的是拥有一个快乐的人生。"的确，幽默是沟通最好的清凉剂，培养幽默感有助于彼此的沟通。在通常情况下，真正精于沟通艺术的人，其实就是那些既善于引导话题，同时又善于使无意义的谈话转变得风趣幽默者。这种人在社交场上往往如鱼得水、左右逢源，可算是人际沟通中的幽默大师。

富有幽默感的人总是让人印象深刻并受到欢迎。他能使枯燥的会议气氛变得活跃，朋友间的聚会更加红火热闹；让严肃的上司，松弛了板着的面孔；让拘谨的下属，缓和了紧张的心情。与他相处，不管是初次见面，还是久别重逢，都让人感到轻松愉快。这样的人，怎么能不招人喜爱呢？

所以，学着适当地掌握一些幽默的技巧，给生活增添一道幽默和诙谐的色彩吧。如果能够在初次见面时，就用你的巧语妙言逗得对方开怀一笑，那么，之后的人际交往将会更加愉快！

养成善于倾听的好习惯

如果你想要拥有良好的人际关系，那么，你首先需要长一双善于聆听的耳朵，学会仔细地聆听，培养倾听的习惯。

生活中，很多人之所以不讨人喜欢，不能给人留下良好的印象，原因是他们不能耐心地做一个很好的听众。心理学研究表明，越是善于倾听的人，与他人关系就越融洽。因为倾听本身就是褒奖对方谈话的一种方式，你能耐心倾听对方的谈话，等于告诉对方"你是一个值得我倾听你讲话的人"。所以，如果要别人喜欢你，原则是：首先做个好听众，并随时鼓励对方谈谈他自己的事。

韦恩是罗宾见到的最受欢迎的人士之一。他总能受到邀请。经常有人请他参加聚会、共进午餐、担任基瓦尼斯国际或扶轮国际的客座发言人、打高尔夫球或网球。

一天晚上，罗宾到一个朋友家参加一次小型社交活动。他发现韦恩和一个漂亮女孩坐在一个角落里。出于好奇，罗宾远远地注意了一段时间。罗宾发现那位年轻女士一直在说，而韦恩好像一句话也没说。他只是有时笑一笑，点一点头，仅此而已。几小时后，他们起身，谢过男女主人，走了。

第二天，罗宾见到韦恩时禁不住问道：

"昨天晚上我在斯旺森家看见你和最迷人的女孩在一起。她好像完全被你吸引住了。你怎么抓住她的注意力的？"

"很简单。"韦恩说，"斯旺森太太把乔安介绍给我，我只对她说：'你的皮肤晒得真漂亮，在冬季也这么漂亮，是怎么做的？你去哪呢？阿卡普尔科还是夏威夷？'"

"夏威夷。"她说，夏威夷永远都风景如画。

"你能把一切都告诉我吗？"我说。

"当然。"她回答。我们就找了个安静的角落，接下去的两个小时她一直在谈夏威夷。

"今天早晨乔安打电话给我，说她很喜欢我陪她。她说很想再见到我，因为我是最有意思的谈伴。但说实话，我整个晚上没说几句话。"

看出韦恩受欢迎的秘诀了吗？很简单，韦恩只是让乔安谈自己。他对每个人都这样——对他人说："请告诉我这一切。"这足以让一般人激动好几个小时。人们喜欢韦恩就因为韦恩注意他们。

先 做朋友，后 做生意

　　由此可见，专注认真地倾听别人谈话，向对方表示你的友善和兴趣，这样做的最大价值就是深得人心，能使双方感情相通、休戚与共，增加信任度。

　　在人际交往的过程中，你若耐心倾听对方谈话，等于告诉对方："你说的东西很有价值"或"你值得我结交"，等于表示你对对方有兴趣。同时，这也使对方感到他的自尊得到了满足。由此，说者对听者的感情也更进一步了，"他能理解我""他真的成了我的知己"。于是，二人心灵的距离缩短了，只要时机成熟，两个人就会很谈得来。

　　在人与人的交往中，听是一项非常重要的技能。如果你是一位善于倾听的人，会发现别人自然而然地被你吸引。世界著名的记者迈克逊说："不肯留神去听人家说话，是不受人欢迎的原因之一。通常，他们只关心自己该怎么说下去，根本不管别人要说什么。要知道，世界上多数人都喜欢乐于倾听的人，很少有人喜欢那些不停地说自己的人。"每个人都认为自己的声音是最重要的、最动听的，并且每个人都有迫不及待地表达自己的愿望。在这种情况下，友善的倾听者自然成为最受欢迎的人。

　　善于倾听是人不可缺少的素质之一，是人与人交往的一个必要前提，学会倾听能正确完整地听取自己所要的信息，而且还会给人留下认真、踏实、尊重他人的印象。一个时时带着耳朵的人远比一个只长着嘴巴的人讨人喜欢。

　　亚美电器公司是生产自动化养鸡设备的，经理亨利先生发现宾夕法尼亚州的销售情况不妙。当他到达该地区时，销售员代表皱着眉头向他诉苦，咒骂当地富裕的农民：

"他们一毛不拔，你无法卖给他们任何东西。"

"是吗？"亨利先生微笑着，盯住销售员的眼睛。

"真的，"销售员的眼睛没有躲闪，"他们对公司意见很大，我试过多次，一点希望也没有！"

"也许是真的，"亨利先生说，"让我们一起去看看吧。"

销售员笑了。他心里想：你们这些当官的，高高在上，平常满口理论，这下可得让你尝尝厉害，他特地选了一家最难对付的农户。

"笃笃笃"，亨利先生轻轻地敲那家农舍的门。

门打开一条小缝，玛丽莲老太太探出头来。当他看见站在亨利先生后面的推销员时，"砰"的一声，关上了大门。

亨利先生继续敲门，玛丽莲老太太又打开门，满脸怒色，恶狠狠地说："我不买你的电器，什么电器公司，一帮骗子！"

"对不起，玛丽莲太太，打扰您了。"亨利先生笑着说，"我不是来推销电器的，我是想买一篓鸡蛋。"

玛丽莲老太太把门开大了一点，用怀疑的眼光上下打量着亨利先生。

"我知道您养了许多'美尼克'鸡，我想买一篓新鲜鸡蛋。"

门又打开了一点，玛丽莲老太太好奇地问：

"你怎么知道我的鸡是良种鸡？"

"是这样的，"亨利先生说，"我也养了一些鸡，可是，我的鸡没有您的鸡好。"

适当的称赞，抹掉了玛丽莲老太太脸上的怒色，但她还有些怀疑：

"那你为什么不吃自己的鸡蛋呢？"

"我养的来杭鸡下白蛋，您的美尼克鸡下棕蛋，您知道，棕蛋比白蛋营养价值高。"

到这时，玛丽莲老太太疑虑全消，放胆走出来。大门洞开时，亨利先生眼睛一扫，发现一个精致的牛栏。

"我想，"亨利先生继续说，"您养鸡赚的钱，一定比您先生养牛赚的钱要多。"

"是嘛！"玛丽莲老太太眉开眼笑地说，"明明我赚的钱比他多，我家那老顽固，就是不承认。"

深谙"人际关系技巧"的亨利先生一语中的。顽固的玛丽莲老太太竟骂她丈夫是"老顽固"。

这时，亨利先生成了玛丽莲老太太受欢迎的客人，她邀请亨利先生参观她的鸡舍，推销员跟着亨利先生走进了玛丽莲老太太的家。

在参观的时候，亨利先生注意到，玛丽莲老太太在鸡舍里安装了一些各式各样的小型机械，这些小型机械能省力省时。亨利先生是"诚于嘉许，宽于称道"的老手，适时地给予赞扬。

一边参观，一边谈，亨利先生"漫不经心"地介绍了几种新饲料，某个关于养鸡的新方法，又"郑重"地向玛丽莲老太太"请教"了几个问题。"内行话"缩短了他们之间的距离，顷刻间，玛丽莲老太太就高兴地和亨利先生交流起养

鸡的经验来

　　没过多久，玛丽莲老太太主动提起她的一些邻居在鸡舍里安装了自动化电器，"据说效果很好"，她诚恳地征求亨利先生"诚实的"意见，问亨利先生这样做，是否"值得"……

　　两个星期之后，玛丽莲老太太的那些美尼克良种鸡就在电灯的照耀下，满意地咕咕叫唤起来。亨利先生推销了电器，玛丽莲老太太得到了更多的鸡蛋，双方皆大欢喜。

　　由此可见，专注认真地倾听别人谈话，向对方表示你的友善和兴趣，这样做的最大价值就是深得人心，能使双方感情相通、休戚与共，增加信任度。

　　倾听是人际交往中一项很重要的制胜法宝。教育家卡耐基说："做个听众往往比做一个演讲者更重要。专心听他人讲话，是我们给予他的最大尊重、呵护和赞美。"一个在人群中滔滔不绝的人或许很容易得到大家的尊敬和钦佩，可是一个懂得倾听并善于鼓励别人的人，可能更容易得到他人的好感和信任。

给人留面子，不要当众指责别人

　　在人际交往中，不管你有意或无意地当着众人的面直接指出某人的过错，这一细节都会给对方造成很大损害。你指责别人时同时也是在剥夺了他人的自尊，致使自己成为不受欢迎的人。

先做朋友，后做生意

保留他人的面子！这是一个何等重要的问题！而我们却很少会考虑到这个问题。我们常喜欢摆架子、我行我素、挑剔、恫吓，在众人面前指责他人，而没有多考虑几分钟，讲几句关心的话，为他人设身处地想一下，要是这样，就可以缓和许多不愉快的场面。

西方学者马斯洛在研究人的生存需要的五个层次时，把尊严放在了较高的层次里，保护自己的自尊心不受伤害是每个人深层次的需要。很多的时候，人们在批评别人时其实是对别人尊严的挑战，很容易激发别人的反感和憎恶，所以在批评别人时一定注意保护好对方的自尊心，运用巧妙的批评方式，才能让对方乐于接受。

"啪！"一只漂亮的小玻璃杯掉在地上，碎了。正在一起玩耍的幼儿园小朋友们都停止了游戏，看看王阿姨，又看看"肇事者"兰兰，谁都不敢吭声。

王阿姨见此，沉吟了片刻，微笑着说："小朋友，我们做游戏时要小心，以后不要弄坏了玩具，好不好？"

"好——"小朋友们齐声说着，又蹦蹦跳跳地开始游戏了。

放学后，兰兰主动找到王阿姨，哭着鼻子说："阿姨，您真好，不像我妈总是骂我，我再也不会打坏东西了。"

王阿姨见状，忙替她擦干眼泪，抚摸着她的小脸蛋，亲切地说："我们兰兰是个听话的好孩子，阿姨怎么舍得骂你呢？再说你今天是不小心呀，以后注意一点就不会了。"

从此以后，兰兰果然没有再弄坏过东西，别的小朋友也没有。

当我们犯错误时，我们会自己承认，如果别人以温和的态度来处理，我们亦会对他们认错，甚至觉得坦白认错是很光荣的；但如果别人当众指责我们的过错，就会把事情扩大，而且会伤及彼此的感情。

张某是一家工程公司的安全协调员，他的职责之一是监督在工地上工作的员工戴上安全帽。他一碰到没有戴安全帽的人，就官腔官调地批评他们没有遵守公司的规定。员工虽然接受了他的训导，却满肚子的不高兴，常常在他离开之后又把安全帽拿了下来。

于是，他决定停止批评，开始从细节上考虑如何说服员工。当他发现有人不戴安全帽的时候，就问他们是不是戴起来不舒服，或者有什么不适当的地方。然后他以令人愉快的声调提醒他们，戴安全帽的目的是保护他们不受伤害，建议他们工作的时候一定要戴安全帽。结果遵守规定戴安全帽的人愈来愈多，而且没有造成任何怨恨或情绪上的不满。

被批评的人永远只会怪罪于批评他的人，而绝不可能自我反省、承认错误。其实每个人都有这种毛病，所以，当你想批评别人时，不妨想想这些活生生的案例，你将会发现一点：我们所要批评、责备的人，不论其是否有错，都将会执意强辩，为自己的行径寻找借口，甚至恶言反扑。

无论你采取什么方式指出别人的错误：一个蔑视的眼神，一种不满的腔调，一个不耐烦的手势，都有可能带来难堪的后果。你以为他会甘愿接受你的指责吗？绝不可能！因为你否定了他的智慧和判断力，伤害了他的自尊和感情。他非但不会改变自己的看法，还会进行反击。

在你还没有开始证明对方的错误之前，他已经准备迎战了。由于你的"不给面子"，他的反击也会毫不留情。

所以，我们要试着多去谅解别人，不要总是去批评他人，唯有如此，我们才能不受其弊，反受其利；唯有如此，我们才能提高员工的士气，增进和他人之间的感情，使我们所不愿看到的状况得到改善。

朋友之间要保持适当的距离

在拓展人脉过程中，大家见面不管生面孔也好，熟面孔也好，都会点头致意，彬彬有礼。说话时像老朋友一样相互问好，热情开放，这是礼节礼貌。朋友之间，需保持一定的距离。无论是怎么样的朋友，无论关系多么密切，距离都很重要。朋友，需用心去经营，需有一定的艺术性。对一个朋友，不能太过于重视，否则，对方会感觉压力很大，会被你的重视压得喘不过气；但又不能过于疏忽，过于疏忽，可能就不会再有联系。有的朋友，你如果太重视他，会让他感觉交你这个朋友很累，就是因为你太重视他了，让他感到压力，让他过得很辛苦。朋友之间，总会有付出较多的一方，而往往是付出多的一方容易受到伤害。所

以，很多时候在和朋友相处的时候，都要告诫自己，要控制自己
的付出，这样会让自己和朋友都不受伤害。

有这样一个寓言故事：

在冬天来临时，森林中有十只刺猬冻得直发抖。为了
取暖，他们只好紧紧地靠在一起，却因为忍受不了彼此的长
刺，很快就各自跑开了。

可是天气实在太冷了，它们又想要靠在一起取暖，然而
靠在一起时的刺痛使他们又不得不再分开。

反反复复地分了又聚，聚了又分，刺猬们不断在受冻与
受刺两件痛苦之间挣扎。最后，刺猬们终于找出一个适中的
距离，即可以相互取暖又不至于被彼此刺伤。

人与人之间的关系就像两只刺猬相处一样，靠得太近则相互
受伤，离得过远则觉得寂寞。只有保持适当的距离，才能彼此得
到对方的温暖，而又不会因为近而伤害对方。因此，不妨多学一
点刺猬的相处哲学，或许你就能与朋友相处得更好。

朋友之间，需要保持一定的距离。无论是怎么样的朋友，
无论关系多么密切，距离都是非常重要的。莫洛亚曾说过："朋
友间保持适当的距离，能给双方美化升华的机会。"所以，如
果希望友谊长久而稳定，你就要把握好交往的分寸。距离是一种
美，也是一种保护。过于亲密或者过于疏离都不利于长久地保持
友谊。

余梅把张莉看成比一日三餐还重要的朋友，两人同在一

个合资公司做公关小姐，由于劳动纪律非常严格，交谈机会很少。但她们总能找到空闲时间聊上几句。

下班回到家，余梅的第一件事情就是给张莉打电话，一聊起来能达到饭不吃觉不睡的地步。

星期天，余梅总有理由把张莉叫出来，陪她去逛街、购物、吃饭。张莉每次也能勉强同意。余梅可不在乎这些，每次都兴高采烈，不玩一整天是不回家的。

张莉是个有心计的姑娘，她想在事业上有所发展，就偷偷地利用业余时间学习电脑。星期天，张莉刚背起书包要出门，余梅打来电话要她陪自己去商场买衣服，张莉解释了大半天，余梅才同意张莉去上电脑班。可是张莉赶到培训班，已迟到了15分钟，张莉心里好大的不痛快。

第二个星期天，余梅说有人给她介绍了个男朋友，非逼着张莉一起去相看，张莉说："不行，我得去学习。"余梅怕张莉偷偷溜走，一大早就赶到张莉家死缠活磨，张莉没上成电脑班，最终余梅的男朋友也吹了。张莉郑重声明，以后星期天要学习，不再参加余梅的各种活动。

余梅一如既往，满不在乎，她认为好朋友就应该天天在一起。有时星期天照样来找张莉，张莉为此躲到亲戚家去住。这下余梅可不高兴了，她认为张莉是有意疏远她。余梅说："我很伤心，她是我生活中最重要的人，可她一点也觉察不到。"

余梅的错误在于，首先是她没有觉察到朋友的感觉和想法，过密的交往几乎剥夺了张莉的自由，使张莉的心情烦躁，不能合理地安排自己的生活。所以说，再好的朋友也需要保持一定的距离，给彼此留有一些空间，有时太过亲近，不小心失了分寸，就会造成彼此的紧张和伤害。

距离并不是情感的隔阂，保持适当的距离可以让友谊获得新鲜的空气。交友时，要把握好交往过程中主客体间的空间距离、心理距离，要考虑到双方彼此间的关系、客观环境因素，给对方一定的空间。这样做不仅仅是为了自身，更是为了友谊的长久。

朋友之间保持一定的距离，为的是使自己的友谊之花开得更长久，如果你有了自己的"好朋友"，与其因为太接近而彼此伤害，不如适度保持距离，以免碰撞，而且还能增进对方的感情。所以，保持一定距离就是给自己留出一个空间，也给对方留出一个空间，每个人都有了自己的空间才会和谐相处。

衷心地赞美他人

马克·吐温说过，听到一句得体的称赞，能使他陶醉两个月。生活中，每一个人都希望得到别人的赞美，赞美能激发人的自豪感和成就感，营造美好的心境，促生进取的动力。而赞美者在赞美、鼓励别人的同时，也会改善自己与周围的关系，丰富自己的生存智慧。要想获得友谊，诚心地赞美别人，必定能如愿。

奥尔夫的传播公司近日打算推出一系列的新产品，因此需要拍摄一组广告来进行宣传，所以，这段时间有不少广告

先 做朋友，后 做生意

公司的人来找经理谈业务。

这天，某广告公司的斯威尔也来到了奥尔夫的公司。刚走进奥尔夫的办公室，斯威尔就看到了墙上挂着的公司标志，他说："哟，你们公司的标志设计得不错呀，不仅能给人一种很有活力、积极奋进的感觉，而且细看之下意味深长呢！"就这样，斯威尔开始了他的谈话。

奥尔夫非常自豪地说："是吗？这是公司刚成立那会儿我亲自设计的。"然后，他开始侃侃而谈公司标志设计比例、色彩调配及内涵，其兴奋之情溢于言表。

最后，斯威尔顺利地拿下了奥尔夫公司的广告订单，在满足奥尔夫的赞美需求的同时，他顺利实现了自己的目的。

赞美之所以对人的行为能产生深刻影响，是因为它满足了人的自尊心的需要。赞美是对个人自我行为的反馈，它能给人带来满足和愉快的情绪，给人以鼓励和信心，让人为保持这种行为而继续努力。赞美也是一种有效的激励，可以激发和保持一个人行动的主动性和积极性。

莎士比亚曾经这样说过："赞美是照在人心灵上的阳光。没有阳光，我们就不能生长。"赞美作为一种与他人交往的技巧，其可谓是具有神奇的魔力，它不但可以消除人际间的龃龉和怨恨，满足人的虚荣心，还可以轻易说服对方接受你的观点，有时甚至足以改变一个人的一生。

《黑人文摘》杂志的老板约翰逊，计划让森尼斯无线电公司成为自己的广告客户。于是，他给该公司的总裁麦克唐纳写了一封信，希望和他面谈。麦克唐纳很快就回信说："来信已收到。不过我不能见你，因为我不主管广告。"约翰逊的请求被拒绝了。约翰逊自然不会放弃，他想："他是公司的总裁，不管广告，会管什么呢？"经过一番调查，约翰逊了解到，麦克唐纳主管着该公司大的政策，其中包括广告政策。于是，约翰逊又给麦克唐纳写了一封信，问是否能去拜访他，跟他聊聊他的公司在黑人社会中进行广告宣传的政策。

麦克唐纳的回信还是很快："你是一个坚持不懈的年轻人，我决定见你。但我事先声明，如果你一谈到在你的杂志上登广告的事情，我就立即结束谈话。"

不能谈广告，那么谈点什么呢？约翰逊决定更深入和全面地认识一下麦克唐纳。他翻阅了所有能找得到的有关麦克唐纳的资料。在《美国名人录》中，约翰逊发现麦克唐纳是一个探险爱好者，还曾到过北极极点，时间是在汉森到达北极极点之后不久。

了解到这一点后，约翰逊感到胸有成竹了。约翰逊先让自己的手下找到汉森，请他在其出版的一本探险书上签名，以便送给麦克唐纳。接着，约翰逊抽下了他旗下一本将要出版的杂志中的一篇文章，换上了一篇介绍汉森的文章。见面的时间到了。约翰逊终于走进了麦克唐纳的办公室，没想到彼此打完招呼后，麦克唐纳的第一句话竟然就是："你看见那一双雪地靴没有？那是汉森送给我的！他有一本很棒的书，不知你看过没有？"约翰逊说："看过。我这里还有一本。汉森还专门为您签了名。"说着，约翰逊把书递给麦克唐纳。

麦克唐纳非常高兴，一边翻着书一边说："像汉森这么优秀的黑人，你们杂志应该介绍一下。""您的意见非常正确。"约翰逊说着，就把登载着汉森介绍文章的新杂志递给了麦克唐纳。

麦克唐纳看见了介绍汉森的那篇文章后，心情显得更加愉快。他还对约翰逊的杂志的风格表示了赞许。约翰逊告诉他，自己创办这份杂志的目的，就是要介绍像汉森这样克服一切障碍与困难、努力赢得成功的人。听到这些，麦克唐纳抬起头来，慢慢说道："你知道吗，我现在看不出有任何理由不让我们公司在你的这份杂志上刊登广告。"

为什么约翰逊能够拿下麦克唐纳这个大客户的广告订单？因为他对麦克唐纳使用了赞美！

其实，说一句简单的赞美并不是一件难事，只要你留心观察，生活中处处都有值得赞美的地方。当你满足了对方的荣誉感，他自然不会怠慢你。我们相信，如果某人能以肯定对方成绩的方式来赞美别人，他必然会取得意想不到的成果。

赞美之于人心，如阳光之于万物。在我们的生活中，人人需要赞美，人人喜欢赞美。这次不是虚荣心的表现，而是渴求上进，寻求理解、支持与鼓励的表现。父母经常赞美孩子，家庭气氛和睦、欢乐，领导经常赞美下级，职工的积极性、创造性不断被激发、被调动。爱听赞美，出于人的自尊需要，是一种正常的心理需要。经常听到真诚的赞美，明白自身的价值获得了社会的肯定，有助于增强自尊心、自信心。

有的人吝惜赞美，很难赏赐别人一句赞美的话，他们不懂得，多正面引导，多表扬鼓励，是沟通的一种方式。予人以真诚的赞美，体现了对人的尊重、期望与信任，并有助于增进彼此间的了解和友谊，是协调人际关系的好方法。人人皆有可赞美之处，只不过长处、优点有大有小、有多有少、有隐有显罢了。只要你细心，就随时能发现别人身上可赞美的"闪光点"。

在生活中，如果你乐意而且懂得衷心地表扬他人，那么你就能够更好地激励周围的人，你的谈话也就能够达到预期的效果。情商高者总会记得，他人的赞美给自己带来的快乐有多么大，所以，他们时刻都不会忘记多用动听的语言去赞美周围的人。假如你想让自己的人际关系更加和谐，那就尝试从今天开始真诚地赞美他人吧！

永远不要和别人争论

在人际交往中，每个人都会遇到相异于自己的人。大到思想观念，为人处世之道，小到对某人、某事的看法和评论。这些程度不同的差异都会外化成人与人之间的争执与论辩。事实上，用争论的方法不能改变别人，而只会引起反感；争论所引起的愤怒常常引起人际关系的恶化，而所被争论的事物依旧不会得到改善。但如果你不想树立对立情绪，而想处理好人际关系，请记住：永远避免同别人争论。

先做朋友，后做生意

第二次世界大战刚结束的一天晚上，卡尔在伦敦学到了一个极有价值的教训。有一天晚上，卡尔参加一次宴会。宴席中，坐在卡尔右边的一位先生讲了一段幽默笑话，并引用了一句话，意思是"谋事在人，成事在天"。

他说那句话出自圣经，但他错了。卡尔知道正确的出处，一点疑问也没有。

为了表现出优越感，卡尔很讨嫌地纠正他。那人立刻反唇相讥："什么？出自莎士比亚？不可能，绝对不可能！那句话出自圣经。"他自信确定如此！

那位先生坐在右边，卡尔的老朋友弗兰克·格蒙在他左边，他研究莎士比亚的著作已有多年。于是，他们俩都同意向格蒙请教。格蒙听了，在桌下踢了卡尔一下，然后说："卡尔，这位先生没说错，圣经里是有这句话。"

那晚回家路上，卡尔对格蒙说："弗兰克，你明明知道那句话出自莎士比亚。"

"是的，当然。"他回答，"《哈姆雷特》第五幕第二场。可是亲爱的卡尔，我们是宴会上的客人，为什么要证明他错了？那样会使他喜欢你吗？为什么不给他留点面子？他并没问你的意见啊！他不需要你的意见，为什么要跟他抬杠？应该避免这些毫无意义的争论。"

现实生活中，很多人喜欢争辩，对一个问题，一个观点，争得脸红脖子粗，大有针尖对麦芒之势，其实，跳出来看，有必要去争辩吗？有些事情根本没有必要争辩。

争论或许会让你暂时赢得胜利，但是即使赢了，实际上你还是输了。为什么？如果你的胜利使对方的论点被攻击得千疮百孔，证明他一无是处，那又怎么样？你会觉得洋洋得意；但对方呢？他会自惭形秽，你伤了他的自尊，他会怨恨你的胜利。而且他即使口服，但心里并不服。因此，争论是要不得的，甚至连最不露痕迹的争论也要不得。如果你老是抬杠、反驳，即使偶尔获得胜利，却永远得不到对方的好感。真正赢得胜利的方法是不要争论。

位于美国纽约自由街114号的麦哈尼公司，是一家专门经销石油工业非标准设备的公司。有一次，该公司接受了长岛石油集团公司的一批订单。长岛集团在石油界举足轻重，是麦哈尼公司的重要顾主。麦哈尼公司接受订单后不敢怠慢，抓紧时间把图纸设计好，送到长岛石油集团公司去审核。图纸经石油公司的总工程师批准后，麦哈尼公司开始动工制造。

然而，不幸的事情发生了：那位顾主是长岛石油集团公司的订货人，他在出席朋友家的私人宴会时，无意中谈起了这批订货。几位外行人竟然信口雌黄，说什么设计不合理、价格太贵等缺陷，大家七嘴八舌、叽叽喳喳。不负责任的飞语流传，使这位顾主产生被人欺骗了的感觉。这位顾主开始时六神无主，继而觉得真有其事，最后竟拍案而起，勃然大怒。他打电话给麦哈尼先生，大发雷霆，把麦哈尼公司臭骂一顿，发誓不接受那批已经开始制造的非标准设备。说完，啪的一声，把电话挂断。

电话那头，麦哈尼先生呆若木鸡。他被骂得丈二和尚摸不着头脑。他还没来得及回过神，没有申辩一句，顾主就把听筒撂了。

麦哈尼先生从事石油非标准设备制造多年，经验丰富，是一位懂技术的经理。他把蓝图拿来，一一对照仔细检查，看不出半点纰漏。凭经验，他确认设计方案无误，于是就乘车去长岛公司求见那位顾主。在路上，他想，如果我坚持自己是正确的，并指责顾主在技术上错误的认识，那么必将激怒顾主，激化矛盾，使事态变得更加严重。当麦哈尼先生心情平静地推开顾主办公室的门时，那位顾主立刻从椅子上跳起，一个箭步冲过来，噼里啪啦数落了一顿。他一边龇牙咧嘴，一边挥舞着拳头，气势汹汹地指责着麦哈尼公司。

在一个失去理智的人的面前，麦哈尼先生不气不恼，两眼平静地注视着对方，一言不发。也许是麦哈尼先生不温不火的态度感染了顾主，使顾主发现自己对一个心平气和的人发火是没有道理的。他突然停止了指责，最后耸耸肩，两手一摊，用平常的声音说了一句："我们不要这批货了，现在你看怎么办？"麦哈尼公司为这批订货已经投入了2万美元。如果对方不要这批货了，重新设计制造.公司就要损失2万多美元；如果与对方打官司，就会失去这家重要的顾主。麦哈尼先生是一位出色的销售员，当顾主大肆发泄一通后，问他："好吧。现在你看怎么办？"麦哈尼先生心平气和地说："我愿意按照您的意愿去办这件事。您花了钱，当然应该买到满意合用的东西。"麦哈尼先生只用两句话，就平息了顾主的冲天怒气。他接着开始提问："可是事情总得有人负责才行，不知这件事该您负责，还是该我负责。"

平静下来的顾主笑着说："当然得你负责，怎么要让我负责呢？"

"是的。"麦哈尼说，"如果您认为自己是对的，请您给我张蓝图，我们将按图施工。虽然目前我们已经花去两万美元，但我们愿意承担这笔损失。为了使您满意，我们宁愿牺牲两万美元。但是，我提请您注意，如果按照您坚持的做法去办，您必须承担责任，如果让我们照着计划执行——我深信这个计划是正确的，我负一切责任。"

麦哈尼先生坚定的神情、谦和的态度、合情合理的谈话，终于使顾主认识到他发脾气是没有道理的。他完全平静下来以后说："好吧，按原计划执行，上帝保佑你，别出错！"结果，当然是麦哈尼先生没有错，按期交货后，顾主又向他们订了两批货。

麦哈尼先生说："当那位顾主侮辱我，在我面前挥舞拳头，骂我是外行时，我必须具备高度的自制力，绝对不能与他正面冲突。这样做的结果很值得。要是我赤裸裸地直接说他错了，两人争辩起来，很可能要打一场官司。那时的结果是：感情和友谊破裂，金钱受到损失。最终失去一位重要的顾主。在商业交往中，我深深相信，与顾客争吵是划不来的。"

古语说："用争夺的方法，你永远得不到满足，但用让步的方法，你可能得到的比你期望的更多。"聪明人明白，避免争论能得到更大的利益。

人生之中，何必事事都要去争论，以赢取那无谓的胜利。这样做对你毫无意义，不但为自己树立了敌人，对你的人生也没有任何助益。正如睿智的班杰明·富兰克林所说的："如果你老是争辩、反驳，也许偶尔能获胜；但那是空洞的胜利，因为你永远得不到对方的好感。"是的，永远不要与人进行无意义的争辩，那只会引起别人的反感。

用真诚去打动别人

真诚是通往人们心灵的桥梁。人与人交往，贵在真诚。美国心理学家安德森曾经做过一个试验，他制定了一张表，列出550个描写人的品性的形容词，让大学生们指出他们所喜欢的品质。试验结果明显地表现出，大学生们评价最高的性格、品质不是别的，正是"真诚"。在八个评价最高的形容词中，竟有六个(真诚的、诚实的、忠实的、真实的、信得过的和可靠的)与真诚有关，而评价最低的品质是说谎、装假和不老实。

安德森的这个研究结果具有现实意义。在交往中，人们总是喜欢诚恳可靠的人，而痛恨和提防口是心非、虚伪阴险的人。真诚无私的品质能使一个外表毫无魅力的人增添许多内在吸引力。人格魅力的基本点就是真诚。待人心眼实一点，守信一点，能更多地获得他人的信赖、理解，能得到更多的支持、帮助和合作，从而获得更多的成功机遇，最后脱颖而出，点燃闪亮人生。

某事业单位，有一个叫李华的小伙子，模样忠厚老实，不管谁看到他，都觉得这个小伙子很实在，一脸善相。所以，他刚进单位工作的时候，跟同事相处得很好，聊得也投机。大家一高兴，几个同事凑了点钱，就给他举行了一次欢迎宴。在酒宴上，李华豪爽地连干数杯，在感谢众人美意的同时，许下承诺："第一个月的薪水发下来之后，我一定请诸位去省城最好的饭店大吃一顿。"众人也都竖起大拇指，说他前途一定光明。

两个月很快过去，薪水都发了两次，同事们数次对他进行暗示，李华充耳不闻，当初答应的还请一事，早就抛到脑后了。在他看来，原来的承诺不过是随口应酬的客套话而已，不足挂齿。但是在别人眼中问题就不是那么简单了，初来乍到就一点不真诚，竟敢玩虚的、说话不算数！同事们黑了脸，认定这小子是个大滑头，就开始整他，让他负责最烦心的工作。

做人不真诚，总是华而不实，朋友就会疏远你。敷衍和欺骗别人，可能一时能得到一些好处，但长此以往，你的信誉度会降到谷底，别人不再愿意与你这样的人打交道。只有以诚待人，才能换来别人的真心回报。当然，真诚不是写在脸上的，而是发自内心的。

以诚待人，能够在人与人之间架起一座信任的心灵之桥，通往对方心灵彼岸，从而消除猜疑、戒备心理，把你作为知心朋友。我们在生活中应充满真诚，离开了真诚，则无友谊可言。一个真诚的心声，才能唤起一大群真诚的人的共鸣。英国专门研究人际关系的卡斯利博士这样指出：大多数人选择朋友是以对方是

先 做朋友，后 做生意

否出于真诚而决定的。

以诚待人是值得信赖的心灵之桥，通过这座桥，人们打开了心灵的大门，并肩携手，合作共事。真诚实在，肯露真心，敞开心扉给人看，对方会感到你信任他，从而消除猜疑，放下戒备，争取到一位用全部身心帮助自己的朋友。世上任何事情都是由人来做，由人来办的，在与他人打交道的过程中，如果防备猜疑被诚信取代，那么，很多事情都能化难为易，迎刃而解了。

台湾中钢公司创办初期，总裁赵耀东四处寻访人才，把台湾赫赫有名的建厂、建港、采购、贷款、管理等方面的各路人才都揽到自己的麾下，从而使该公司发展迅速，事业蒸蒸日上。在赵耀东诚聘名单里，排名第一的就是台湾财经界"四怪"之一、脾气又臭又坏的建厂高手刘曾适。刘曾适虽然脾气暴劣，但头脑冷静，思维缜密，素有"刘电脑"之称。当时，"刘电脑"在基隆和平岛台船公司任协理，为了将他争取到手，赵耀东八顾基隆没有结果，仍不死心，到第九次，"刘电脑"终于心软，应承这位锲而不舍、真诚的赵老板。再如，赵耀东网罗财经奇才陈世昌的办法为世人称道。陈世昌有"财来自有方"的能力，他借钱的本事被赵耀东称为世界第一。可是，当邀请陈世昌出任中钢财务顾问时却被拒绝，一请二请不奏效，赵耀东干脆就跪在这个奇才的面前。陈世昌大惊，慌忙下跪还礼。赵说："你不肯应承，我就不起来。"陈说："何必强我所难。"如此对跪了整整15分钟，这两位年已近花甲的老人，终于握手大笑而起，陈世昌被赵耀东的真诚所打动，应允出山相助。

真诚是打开别人心灵的金钥匙。你对人真诚，别人也会真诚待你；你敬人一尺，别人自会敬你一丈。交往中，以诚待人是处世的大智慧。只有以诚待人，才能在感情上引起共鸣，才能相互理解、接纳，并使关系进一步巩固和发展，从而获得他人的更多帮助。

人与人之间融洽的感情是心的交流。肝胆相照，赤诚相见，才会心心相印。圣经上说：你想要别人怎样待你，你就要怎样待别人。只要你付出了真情，朋友才会以真情待你，双方的关系才能得以持续、稳固、健康的发展。

真诚是为人的根本。那些取得巨大成功的人都有许多共同的特点，其中之一就是为人真诚。如果你是一个真诚的人，人们就会了解你、相信你，不论在什么情况下，人们都知道你不会掩饰、不会推托，都知道你说的是实话，都乐于同你接近，因此也就容易获得好人缘。

与朋友相处，以诚为贵。与人打交道时，你存在防备、猜疑的心理，不能敞开自己的胸怀，讲真话、实话，总是遮遮掩掩、吞吞吐吐、令人怀疑，是无法搞好人际关系的。

当朋友需要你时，你要尽心尽力予以援手；当他无意中冒犯了你时，你要抱着宽容大度的心情，真心真意原谅他；他有求于你时，要毫不犹豫地帮助他。或者，你会问：“为什么我要待他这么好？”答案很简单，因为他是你的朋友。

人与人的感情交流具有互动性。一个人如果要想与人成为知心朋友，首先得敞开自己的胸怀。要讲真话、实话，切忌遮遮掩掩、吞吞吐吐、令人怀疑，以你的真诚去换取别人的真诚。请记住：只有真诚对待对方，才能赢得对方的信赖。

站在对方的立场上思考问题

在人与人之间的交往中，有一种处理人际关系的思考方式——换位思考。简单地讲，就是互相宽容、理解，多去站在别人的角度上思考，它是一种理解，也是一种关爱，更是人与人之间交往的基础。

生活中，每个人做事都有自己的原因，只要我们能从别人的角度考虑问题，我们就能掌握他人的想法，从而找到打开他人内心的钥匙，办事就更加容易。学会从对方角度看问题，会让你在社交中减少许多不必要的烦恼。

有这样一则小故事：

年轻的妈妈很喜欢带着自己的女儿去商场购物，可是女儿大多数时候不愿意跟妈妈去，妈妈觉得很奇怪，商场里目不暇接丰富多彩的东西那么多，女儿为什么不喜欢呢？直到有一次女儿的鞋带开了，妈妈蹲下身子为孩子系鞋带，突然看到一种想象不到的可怕景象：眼前晃动着的全是腿和胳膊。于是，她抱起孩子，快步走出商店。从此，即使是必须带孩子去商店的时候，她也是把孩子扛在肩上。母亲学会了"蹲下身来看看孩子的世界"，站在孩子的角度想问题。一切难题也就迎刃而解了。

　　这个故事告诉我们：人与人之间要学会换位思考，多去站在别人的角度上考虑问题，互相理解，相互信任。

　　在人际交往中，如果我们换一个角度看问题的角度和立场，站在对方的立场上，就会产生一种奇妙的效果，这样给对方一种尊重感、归属感，使对方缩短与你的心理距离，达到一种心理沟通。古德在他的《点石金》一书中说："停下一分钟，将你对他人的冷漠与自己的热心做一个比较。你会发现：人和人是如此的相似！知道了这一点，你就可以和林肯、罗福斯一样，牢牢抓住了人际交往中最重要的原则。换句话说，想要在处理人际关系上游刃有余，你需要站在他人的立场上去考虑问题。"

　　人生在世，凡事不妨将心比心，自己不想做的就不要勉强别人，设身处地为别人想一想。人人都是平等的，你不想被歧视、被误解，同样别人也是不想的。正所谓："己所不欲，勿施于人。"站在别人的角度考虑问题，多一分理解，多一分真诚，生活会更好，这是人际交往中的黄金法则。

　　汽车大王福特曾说过这样一句话："如果说成功还有什么秘密可言的话，就是全心全意地为别人着想，了解别人的态度和观点。"因为这样不仅能得到你与对方的沟通和理解，而且可以更清楚地了解对方的思维轨迹，从而有的放矢，击中要害，找到双方都能接受的解决问题的方案。

　　某保险公司的一位小姐在电话联系的约定时间对李先生进行访问。

　　她一进门便开门见山说明来意："李先生，我这次是特地来请您和太太及孩子投人寿保险的。"

不料李先生一句顶回来："保险是骗人的勾当！"小姐并未生气，仍微笑着问道："噢，这还是第一次听说，您能给我说说吗？"李先生说："假如我和太太投保3000元，3000元现在可买一部兼容电脑，20年后再领回的3000元，恐怕连部彩色电视机都买不到了。"小姐又好奇地问："那又是为什么呢？"

李先生很快地回答："一旦通货膨胀，物价上涨，即会造成货币贬值，钱就不经花了。"小姐又问："依您之见，十年二十年后一定是通货膨胀吗？"李先生又迟疑了一会儿说："我不敢断定，依最近两年的情形来看，会有这种可能的。"小姐再问："还有其他因素吗？"李先生支吾了一下说："比如受国际市场的波动影响，说不定……"接着小姐又问："还有没有别的因素？"

李先生终于无言以对。通过这样的问话，小姐对李先生内心的忧虑已基本了解。

于是小姐首先维护李先生的立场："您的见解有一定的道理。假如物价急剧上涨二十年，3000元不要说黑白电视机买不了，怕只够买两棵葱了。"李先生听到这里，心里很高兴，但接着这位精明的小姐给李先生解释了这几年物价改革的必要性及影响当前物价的各因素，进一步分析我国政府绝对不会允许旧社会那样的通货膨胀的事情发生的道理，并指出以李先生的才能和实力，收入可望大幅度增加。对于这些话，虽然李先生也不止一次听别人说过，但总没有今天这样感觉亲切。最后小姐又补充一句："即使物价有稍许上升，有保险总比没有保险好。况且我们公司早已考虑了这些因素，顾客的保险金是有利息的。当然！我这么年轻在您面前讲这些，实在有点班门弄斧，还望您多多指教……"说也奇怪，经她这么一说，李先生开始面带笑容，相谈甚欢，当然，这位推销小姐成功了。

　　这位推销小姐成功的秘密在什么地方呢？就在于站在对方的立场上来思考，设身处地，发现对方的兴趣、要求，而后再进行引导，晓之以理，动之以情，使对方与她的想法同调，最后使之接受。如果不是首先与顾客步调取得一致，而是针对李先生的"保险是骗人的勾当"观点，开展一场"革命大批判"，那么，劝李先生投保就没有指望了。

　　站在对方的立场上来考虑问题，这样看问题比较客观公正，可防止主观片面；这是一种理解，也是一种关爱，更是人与人之间交往的基础。如果你想要准确地理解他人，就需要采取换位思考的方式进行沟通。只有站在对方的位置和立场上来思考问题，才能够更准确地理解对方的想法和心理状态，才能真正找到沟通的结合点，增强沟通的针对性。若只强调自己的感受而不体谅他人的想法，就很难走入他人的内心世界，很难被他人接纳。这也就是我们常说的遇事要将心比心。

有礼貌的人走到哪里都受欢迎

我国历来有"礼仪之邦"的美誉，礼貌待人是中华民族的传统美德，礼貌代表一个人的文明程度。尤其在当今社会，当你具备了很好的礼貌习惯，掌握了相应的礼貌知识后，你做事就很顺利，就能享受到生活的快乐和成功的喜悦；如果你没有很好的礼貌习惯，你就会被别人视为缺乏修养而排斥，甚至惹出不愉快的事情来，自己也得不到丝毫的好处。正如列宁所说："礼貌是数百年来人们就知道的，数千年在一切处世格言上反复谈到的起码的公共生活原则。"因此我们必须养成礼貌待人的好习惯。

《诗经》说："相鼠有体，人而无礼。人而无礼，胡不遄死？"人在社会上，要多结人缘少结人怨，而多礼便是一件必要的工具。礼是人为的，是后天的，必须要用心去学习，学习使人养成习惯，如此，多礼便能行无所碍了。

多礼似乎有点虚伪，而影响到人与人之间的感情很大，所以孔子也说："不学礼，何以立。"孔子的所谓礼，不单指礼貌而言，但是礼貌必在其中是可以肯定的。言语行动、音容笑貌，都要注意，"文质彬彬，然后君子"，礼多人不怪，在对人方面来说，礼多可足以表示你是位君子呢！

一个新生来到北京大学报到，由于要到注册等地方填表，随身的行李没地方放，感到非常着急。这时，他忽然看到一位踽踽独行的老人，于是，招呼都不打，"帮我看着行李"，老人就这么看着这个行李，直到这个小伙子回来，没想到他轻松地拎起了行李，连个"谢"字都没说，令他万万想不到的是，在开学典礼上，他又看到了这位老人，老人在台上看着莘莘学子，主持人介绍说，这就是我国文化泰斗季羡林先生。

如果说在象牙塔某种无"礼"可以被宽容的话，走上工作岗位。再习惯地做令人讨厌的事儿，恐怕就没有那么好运了。殊不知，礼貌是一种柔韧的智慧，这种平和、内敛表达着对别人的尊重，不会激起对方的反感，也就自然地给自己扩宽了很大的回旋空间。这就是君子生活在人性丛林中必须遵守的法则。"有礼走遍天下。无礼寸步难行。"从这个意义上讲，没有礼貌的人是举步维艰的，如果是一个孩子，我们说他没有教养；如果是一个成年人，我们可能会说一句不太雅观的话，"臭狗屎臭着他！"

从前，有个年轻人骑马赶路，忽然见一位老汉从路边经过，他便在马上高声喊道："喂！老头儿，离客店还有多远？"老汉回答："五里！"年轻人策马飞奔，急忙赶路去了。结果一口气跑了十多里，仍然不见人烟。他暗想：这老头儿真可恶，说谎话骗人，非得回去教训他一下不可。他一边想着，一边自言自语道："五里，五里，什么五里！"猛然，他醒悟过来了，这"五里"，不是"无礼"的谐音吗？于是便掉转马头往回赶，追上了那位老人，急忙翻身下马，亲热的叫声："老大爷"，话还没说完，老人便说："客店已走过去了，如不嫌弃，可到我家一住。"

生活中有很多这样的例子：仅仅因为一个小节的疏忽，便使自己的形象在别人的心目中大打折扣。相反，一个有礼貌的人很容易就会被别人认可、接受，既可以给别人带来温暖，也会使自己变得十分愉快。学会礼貌，我们会觉得生活是和谐、有趣的，成功也会因之变得不再遥远。

某高校的一批应届毕业生，被导师带到北京某实验室里参观实习。他们坐在会议室里，等待实验室王科长的到来。这时，有位实验室的服务人员来给大家倒水，同学们表情漠然地看着她忙活，其中一个还问："有矿泉水吗？天太热了。"

服务人员回答说："真抱歉，刚刚用完。"

学生们顿时怨声一片。

只有轮到一个叫潘杰的学生时，他轻声地说："谢谢，大热天的，辛苦了。"

这个服务人员抬头看了他一眼，满含着惊奇，因为这是她当时听到的唯一的一句感谢话。

这时候，王科长走进来和大家打招呼，可能大家已经等得不耐烦了，竟没有一个人回应，王科长也感到有点尴尬。潘杰左右看了看，犹犹豫豫地鼓了几下掌，同学们这才稀稀落落地跟着拍起手来，由于掌声不齐，显得有些零乱。

　　王科长挥了挥手说："欢迎同学们到这里来参观。平时这些事一般都是由办公室负责接待，因为我和你们的导师是老同学，非常要好，所以这次我亲自来给大家讲一些有关的情况。我看同学们好像都没有带笔记本。这样吧，秘书，请你去拿一些我们实验室印的纪念手册，送给同学们做个纪念。"

　　接下来，更尴尬的事情发生了，大家都坐在那里，一个个很随意地用一只手接过王科长双手递过来的纪念手册。

　　王科长的脸色越来越难看，走到潘杰面前时，已经快要没有耐心了。

　　就在这时，潘杰礼貌地站起来，身体微倾，双手接过纪念手册，恭恭敬敬地说了一声："谢谢您！"

　　王科长闻听此言，不觉眼前一亮，用手拍了拍潘杰的肩膀："你叫什么名字？"

　　潘杰礼貌地回答了自己的姓名，王科长点头微笑回到自己的座位上。

　　早已汗颜的导师看到此情景，才微微松了一口气。

　　两个月后，在毕业生的去向表上，潘杰的去向栏里赫然写着这个实验室的名字。有几位颇感不满的同学找到导师问："潘杰的学习成绩最多算是中等，凭什么选他而没选我们？"

　　导师看了看这几张因为年轻而趾高气扬的脸，笑道："潘杰是人家实验室点名来要的。其实，你们的机会不仅是完全一样的，而且你们的成绩还比潘杰好，但是除了学

先 做朋友，后 做生意

习之外，你们需要学的东西还有很多，礼貌便是重要的一课。"

　　成功看似偶然，却隐藏着必然。一声"谢谢"，虽然微不足道，却体现了一个人的素养。礼貌是通过语言或行动表现出来的对他人的尊敬，反映了这个人的道德品质和文化教养，是内在美的表现，有的人相貌并不美，但很讨人喜欢，重要原因之一就是他对待别人的态度文雅热情，说话文明和气，举止端庄大方，使人愿意亲近他。

　　《诗经》上说："谦谦君子，赐我百朋。"只有懂得礼仪的人才能获得更多的朋友。礼多人不怪，人们都将一个人是否彬彬有礼作为其社会地位和受教育程度的检验标准。礼貌待人可以在人和人之间架起理解的桥梁，减少矛盾。文雅、和气、宽容的语言，不但沟通人们的心灵，而且反映了一个人的思想和文化修养。正如俗话说：礼到人心暖，无礼讨人嫌。

　　歌德说："一个人的礼貌是一面照出它肖像的镜子。"一个人是否礼貌，绝不只是无足轻重的小事，它表明一个人是否具有道德修养。我们有了礼貌，就有了与人交往的亲和力。

　　礼貌待人并不只是一种外表形式，而是人与人之间友好感情的一道桥梁。如果大家能自觉地做到礼貌待人，不仅能使人与人之间的关系更加纯洁和美好，而且可以避免和减少某些不必要的个人冲突，使社会生活更加和谐安详。在这种美好和睦的环境中，人们就能增进友谊，加强团结，更好地学习、生活、工作，并从中感受到亲切、温暖、愉快和力量。

　　"敬人者，人恒敬之"。礼貌是一个人应有的基本修养，在人际交往中，有礼貌的人都会给人一种好感，受到别人的尊重。所以，在和他人交往的时候，要注意做到自己的一言一行都有礼貌。

第四章　品格为王，
做生意交朋友拼的都是人品

赚钱先立德，人品比产品更重要

世间技巧无穷，唯有德者可用其力；世间变幻莫测，唯有人品可立一生。

徽商代表人物胡雪岩说："为人不可贪，为商不可奸，经商重信义，无德不成商。"做生意就是做人，因而人品最为重要。很多商业实践都已证明：商业的成功与高尚的品德密不可分，商人只有具备高尚的品德，才能获得真正意义上的成功。

几年前，李某听一位朋友说有一家温州商人卖的××牌UPS电源能够稳定电压、保护电器，就信以为真地来到这家温州人开的电脑用品商店购买，想用作家里新买的电冰箱的电源保护器。这位温州老板详细问清李某的来意后心想：卖还是不卖？卖，这种电源保护器对保护电冰箱毫无用处；不卖，到手的"肥肉"就会丢掉。犹豫再三，这位温州老板的良心战胜了贪欲。他向李某仔细讲解了该电源的用途和电冰箱的耗电原理，劝他不要花几百元钱买一个对自己来说无用的东西。这李某先是不解，当明白温州老板确实是一片好心时，便由衷地感到敬佩。第二天，李某和妻子从这家商店购买了一台价值不菲的电脑，因为李某和妻子都觉得从这里购买商品放心。并逢人便讲这家温州老板的良好品德，他们的几位亲戚、同学受到感染，也从他那里购买了不少东西。

先 做朋友，后 做生意

　　人品即商品，人格即财富。良好的品格是做人之本。做人要比赚钱更重要，只有你学会了做人，你才有资格去赚钱。特别是在金钱的诱惑下，你一定要具有很强烈的道德责任感，并且高标准的要求自己，随时准备服从自己的良知，勇于坚持自己的信念，不计较自己的利益得失。

　　人品胜过一切。伟大的科学家爱因斯坦曾说："不管时代的潮流和社会的风尚怎样，人总可以凭着自己高贵的品质，超脱时代和社会，走自己正确的道路。现在，大家都为了电冰箱、汽车、房子而奔波、追逐、竞争，这是我们这个时代的特征了。但是也还有不少人，他们不追求这些物质的东西，他们追求理想和真理，得到了内心的自由和安宁。" 优良品德修养的熏陶和润泽，能够内化为个人价值选择和价值判断的准则，不断丰富我们的精神世界，完善我们的人格和道德品质，成为个人成长成才的重要推进力量。

　　优秀的品德是个人成功最重要的资本，是人最核心的竞争力。具有优秀品德的人，总是会从内心爆发出自我积极的力量，使人们了解他、接纳他、帮助他、支持他，使他的事业获得成功，使他受到人们的尊重和敬仰。可以说，好的品德是推动一个人人生不断前进的动力。

　　那是1943年的冬天，这个冬天深深地刻在李嘉诚的记忆深处，是他一生中最难以忘怀的。

　　当时，父亲的去世使他对那渗透他柔嫩、幼弱的身躯，由肉体达到心灵深处的酷寒感到不堪忍受，更使他觉得整个世界像一座巨大且黑暗的冰窖，似乎人世间的最后一丝热气也被父亲带走了。

然而，即使是这样，李嘉诚还是咬紧牙关、鼓足勇气，他希望自己能够带领全家平安地度过这个肃杀凄凉的冬天。

为了安葬父亲，李嘉诚含着眼泪去买坟地。按照当时的交易规矩，买地人必须付钱给卖地人之后才可以跟随卖地人去看地。

卖地给李嘉诚的，是两个客家人。李嘉诚将买地钱交给他们之后，便半步都不肯离开，坚持要看地。山路出奇的泥泞，不时夹带着雨点，寒气逼人的北风迎面而来……仍旧沉浸在失去父亲巨大的悲痛中的李嘉诚，想着这连日来和舅父、母亲一起东奔西走，总算凑足了这笔安葬父亲的费用。想着自己能够亲自替父亲买下这块坟地，心里总算有了一丝慰藉。

这两个卖地人走得很快，李嘉诚一步接着一步地紧跟不舍。然而，不幸的是卖地人见李嘉诚是一个小孩子，以为好欺骗，就将一块埋有他人尸骨的坟地卖给他，并且用客家话商量着如何掘开这块坟地，将他人尸骨弄走……

可是，他们并不知道，李嘉诚听得懂客家话。李嘉诚震惊地想，世界上居然有人如此黑心、如此挣钱的人，甚至连死去的人都不肯放过；想到父亲一生光明磊落，即使现在将他安葬在这里，九泉之下的父亲也是绝对得不到安眠的。而且，李嘉诚也深知这两个人绝不会退钱给他，就告诉他们不要掘地了，他另找卖主。

这次买地葬父的几番周折，深深地留存在李嘉诚的记忆深处，使他不仅上了一堂关于人生、关于社会真实面目的课，而且对于即将走上社会、独自创业的李嘉诚来说，这是第一次付出沉重的代价所吸取的相当痛苦的教训，也是李嘉诚所面临在道义和金钱面前如何抉择的第一道难题。这促使李嘉诚暗下决心：不管将来创业的道路如何险恶，不管将来生活的情形如何艰难，一定要做到生意上不能坑害人，在生活上乐于帮助人。

人最值得肯定的，正是在追求和奋斗过程中表现出的优秀的品格。如果把李嘉诚的成功归于是幸运的，那么真正的幸运是属于拥有优秀品格的人。

人品决定着人心向背，决定着一个人的社会价值。不管在哪一领域，不管处于何种生存状态，那些具有优秀品质的人，那些具有强烈的责任心的人，那些有着良好信誉的人，才能赢得人们由衷的崇敬和信任，事业的成功才会有坚实的根基。

好的人品是最贵重的个人资产。正如爱默生所说："美德具有至高无上的价格，它是一种伟大的品格力量，在所有价值中它处于最高的位置。"所以说，人品是一个人立身之本，是人生中最为宝贵的财产，它构成了人的地位和身份本身，是人们信誉的全部。如果一个人具有令人折服、敬佩的品格，他就会随时随地受人欢迎。无论他贫富贵贱，他都会成为别人乐于交往的对象。因为优秀的品格有一种神奇的力量，足以感化人们的心灵。在生活中，赢得人心和获得友谊的最基本因素就是"拥有美好的品德"。

商无信不立，业无诚不远

诚信是一种人品修养，是做人的根本准则。人离不开交往，交往离不开信用，"小信成则大信也"，无论是做人、做事，还是做生意，诚信在其中必不可少。做生意如同做人，诚信是本源，离开诚信，经商就没有生命力。

诚信是一种宝贵的财富。一个人诚实有信，自然得道多助，能获得大家的尊重和友谊。反过来，如果贪图一时的安逸或小便宜，而失信于人，表面上是得到了"实惠"。但为了这点实惠他毁了自己的声誉，而声誉相比于物质是重要得多的。所以，失信于人，无异于失去了西瓜捡芝麻，是得不偿失的。

有个商人去南方采购了一批货，通过水路往外地销售，船在河中顺风行驶，忽然浓云密布，狂风骤起，大雨倾盆。商人走出船舱查看自己新采购的货物，一波大浪袭向船头，把他打落到水中。商人在水中挣扎着呼喊："救命呀！"一个渔夫听到喊声，急急忙忙把船摇过来救人。商人看到渔夫，大声喊道："快来救我，我给你一百两白银。"渔夫把商人救起来，送进船舱，商人换好了衣服，拿出十两银子送给渔夫，说："拿去吧！这十两银子够你用半年了。"

渔夫不接银子，看着商人说："刚才你在水中承诺说，把你救起来给一百两银子，而不是十两银子。"商人满脸不高兴地说："你也太不知足了，你一天捕鱼能赚几文钱？现在一下子捞了十两银子，不少了！"渔夫说："事是这么回事，理却不是这个理。你刚才不许诺给一百两银子，我也会救你一命，但你既然说给一百两银子，我希望你不要失信。"商人摇摇头，跳进船舱，不再理会渔夫。渔夫长长地叹口气，回到渔船。

一年后，商人载货碰巧又在河中与渔夫相遇。两个人都想起了去年那件不愉快的事。商人说："我给了你十两银子，你为什么不用来当本钱？"正说着，商人的船触礁了，船舱进水，船渐渐下沉。商人急得团团转，大声对渔夫说："快来救我，这次我给你三百两银子，保证不失信。"渔夫摇橹从商人旁边划过去，回头不疾不徐地说："喊信得过你的人来救命吧！我不要你的银子，也不救你这种不讲信用的人。"很快，商人随着沉船消失在滔滔河水中……

这个故事告诉我们，无论何时何地都应永远记住要诚实守信。商人因为自己不讲信用而丢了性命，这不是别人的错误，而是他自己酿成的恶果。

所谓"天下熙熙，皆为利来；天下攘攘，皆为利往。"逐利是商人永远的追求目标。但是，讲究诚信依然是经商之本，从商之道。商业领域，买卖、委托、招聘、雇佣等，几乎每一种合作或交换都涉及守信、守约。一个人只有靠长时间的立诚守信行为才能建立起信誉，信誉本身是有价值的，它是一个企业或个人的通行证、信用卡。为人处世讲求诚与信，这应该成为生意人在商业社会中的座右铭。

在当时复杂多变的环境下，没有一种内在的商业精神的支撑，很难达到这样的水平和高度。对于生意人来说，急功近利者表现得较多一些，他们忽视诚信的力量，以至于在他们失败以后才总结出来诚信的重要性。所以，我们只有利用好"诚信"这个座右铭，不断激励自己，鞭策自己，做一个讲诚信的信义之人，才能在事业发展中取得骄人的成绩。

李嘉诚不仅是财富超人，并且他还被誉为诚信中的超人。

李嘉诚在年轻的时候，刚开始创业资金很有限。有一次，一位外商希望大量的订货，可是他提出必须要有富裕的厂商做保证。李嘉诚非常辛苦地跑了好几天，虽然没有着落，但是并没有捏造事实以及含糊其词，所有的一切都是按照事实去报告的。那位外商深为他的诚信所感动，因此对他十分信赖，说："从阁下言谈之中可以看出来，你并非是那些不守诚信的人。不必有其他厂商作保了，现在我们就签约吧！"正是他的人品赢得了外商的信赖。

这虽然是个好良机，可是李嘉诚在感动之余又说道："先生，你如此信任我，我不胜荣幸。可是我不可以和你签约，因为我资金真的有限。"外商听后，非常佩服他的为人，不但要和他签约，而且还预付了货款。这笔生意让李嘉诚赚了一大笔钱，为将来奠定了基础。因此，李嘉诚也感悟出了："坦诚第一，以诚待人"的做人原则，并且使他取得了伟大的商业成就。

李嘉诚从十几岁创业，到今天的成功，绝不是偶然的。

先 做朋友，**后** 做生意

他总是把做人放在赚钱的前面，奉行广结善缘的处世哲学，
这是他最具杀伤力的一张底牌。

正所谓：金钱有价，诚信无价。现代社会需要诚信。就个人
而言，诚信是高尚的人格力量，是立身之本；就企业而言，诚信
是宝贵的无形资产，是立业之本。大凡一个成功的企业，在创业
之初，都要经受诚信的考验。企业能够由小到大，由弱变强，无
一不需要诚信的支持。依靠诚信的企业形象，可以开拓出无限的
商机，甚至吸引更多的客户上门寻求合作。特别是随着信用经济
的发展，企业的资产并不仅仅表现为有形资产，而是由有形资产
和无形资产共同融合而成。在无形资产中，处于核心地位的便是
商业信誉，信誉好则生意兴隆。因此，创业者想让自己的事业蒸
蒸日上，更上一层楼，"诚信为本、操守为重"应成为一个企业
创业之初走向市场时刻不能忘记的原则。

信誉是生意人赚钱的最大资本

在现代市场经济条件下，信用、信誉是生意人价值连城的
无形资产。做生意不是一项孤立的事业，同时，还是一项长期的
事业。对于一个生意人来说，要想让事业不断发展壮大，离不开
"诚信"二字。要想成功，从某种程度来说，诚信往往起着决定
性的作用。特别是生意越做越大时，诚信的作用便会随之显得越
来越重要。

从前，有一个年轻人叫张三，在财主家当了几年苦力，攒了一些钱，在集市上开了一家小酒馆，取名叫"实惠酒家"。

开始的时候，小酒馆的东西卖得确实很实惠，大大的碗，又香又醇的米酒，而且价钱很便宜。无论是过路的生意人，还是来赶集的老百姓都愿意到酒馆里坐一坐，喝一碗米酒，解解渴，歇一歇。每天从早晨一开张到晚上关门，客人总是爆满，伙计们忙得团团转。有时候，不到天黑，酒就卖完了。

张三看在眼里，乐在心里。可是手工作坊，每天就只能酿那么多酒，没办法扩大规模。于是他就动了心眼。

第二天，大碗变成小碗，价钱还是大碗的价钱。

张三说："客官，这是新配方，酒里加了名贵的中草药，喝了可以治病的。"

客人们都是老主顾，不但相信张三说的话，而且还大加宣传。客人不但少，反而比以前更多了。一连几天酒都不够卖，张三又多赚了不少钱。

张三尝到了甜头，就又想出一个主意，往酒里加水，开始的时候加得少，客人觉察不出。于是张三胆子越来越大，水越加越多。

几天过后，客人越来越少。再后来，伙计们干脆闲起来没事干了。

一天，张三正坐在空荡荡的酒馆里发呆。这时走进一个白胡子老大爷，张三赶紧跑上前去招呼客人。老头儿一边喝酒，一边问："年轻人，这店里怎么这么冷清啊？"

张三很无奈地摇了摇头。

老头儿接着说："其实开店是有秘方的。"

张三赶紧把头凑过去问："什么秘方，请您告诉我，要多少钱都行。"

老人仍不慌不忙地讲："有一个诚实的人，本来很穷，在别人的帮助下开了个小饭馆，不久就家财万贯。别人问他有什么秘方吗？他说：'有，就是一份菜中赚一文钱。'"

张三听了，惭愧地低下了头。

老头儿又说："拿纸笔过来，我给你开个治疗'酒馆冷清病'的药方"。

张三乖乖地拿纸笔过来，老头儿提笔写了两个字，写完就走了。张三拿起来一看，是'诚信'二字。

张三猛然醒悟，于是把酒馆的名字改成："只赚一文钱"，从此诚实经营，坚持一碗酒只赚一文钱。

没过多久，他的生意又兴隆起来。

做生意的第一要诀就是诚实，只有真诚待人，才能做成大生意。弄虚作假，只能是一锤子买卖，终究是会弄巧成拙、惨遭失败的。俗话说："百金买名，千金买誉"，这就说明信誉的重要性，它比"名"还可贵，同时也说明信誉是要花大力、下大本钱才能形成的。

赚钱的前提是要诚实守信。诚信是市场经济的灵魂，商家和消费者双方合作的基本原则。"诚实守信"不是一句口号，也不是为消费者单方面的利益，而是生产者和消费者利益互动的保证，也是商家抢占市场，扩大市场份额，争取长期稳定消费群的一大"法宝"。它是一种游戏规则，更是一种商业理念。诚信经营创造的价值不可估量，是一个商家经营取胜的永恒的向心力，也是一个企业追求的最高境界，即"品牌"的形成。

有一对夫妻，下岗后开了家烧酒店，自己烧酒自己卖也算有条活路。

丈夫是个老实人，为人真诚、热情，烧制的酒也好。有道是"酒香不怕巷子深"，一传十，十传百，酒店生意兴隆，常常是供不应求。

看到生意如此之好，夫妻俩便决定把挣来的钱投进去，再添置一台烧酒设备，扩大生产规模，增加酒的产量。这样，一可满足顾客需求，二可增加收入，早日致富。

这天，丈夫外出购买设备，临行之前，把酒店的事都交给了妻子，叮嘱妻子一定要善待每一位顾客，诚实经营，不要与顾客发生争吵……

一个月以后，丈夫外出归来。妻子一见丈夫，便按捺不住内心的激动，神秘兮兮地说："这几天，我可知道了做生意的秘诀，像你那样永远也发不了财。"丈夫一脸愕然，不解地说："做生意靠的是信誉，咱家烧的酒好，卖的量足，价钱合理，所以大伙才愿意买咱家的酒，除此还能有什么秘诀。"

妻子听后，用手指着丈夫的头，自作聪明地说："你这榆木脑袋，现在谁还像你这样做生意，你知道吗？这几天我赚的钱比过去一个月挣的还多。秘诀就是，我给酒里兑了水。"

　　丈夫一听，肺都要气炸了，他没想到，妻子竟然会往酒里兑水，他冲着妻子就是重重的一记耳光。他知道妻子这种坑害顾客的行为，会将他们苦心经营的酒店的牌子给砸了，他也知道这将意味着什么。

　　做买卖，以次充好，以假充真，这是对消费者极不负责的奸商行为。在商品的买卖之中，只有做到"货真价实，童叟无欺"，才能让你的生意越做越好、越做越大。

　　在商业活动中，诚信不欺、货真价实是做生意长久取胜的基本因素，而把商业信誉看得高于一切是一个生意人尤为难能可贵的品质。做生意就要做到诚实为本，坚持质量第一，维护自己的信誉，不弄虚作假。所以说，先做人，后做生意，以信用为上，取信于人，宁愿赔钱也不做玷污招牌的买卖，这才是做生意的真谛。

虚怀若谷，谦虚赢得别人的好感

　　谦虚是一种美德，更是一种人生的智慧。你可能也会有这样一种体会：越是谦逊的人，你越是喜欢找出他的优点；越是把自己看得了不起，孤傲自大的人，你越会瞧不起他，喜欢找出他的缺点。这就是谦虚的效能。所以，平时你要谦逊地对待别人，这样才能博得人家的支持，为你的事业奠定基础。

生活中，谦虚的人总是处处受欢迎，而那些大肆张扬，傲慢无礼的人通常是遭人反感厌恶的。法国资产阶级启蒙思想家孟德斯鸠说过："谦虚是不可缺少的品德。"懂得谦虚的人往往能得到别人的友善和关照，从而为将来事业的成功打下良好基础。

比尔·盖茨带领他的团队创造了IT业界一个又一个神话，作为微软第一任华裔副总裁的李开复，除了景仰比尔·盖茨的商业成就之外，最景仰的就是他谦逊的性格。而关于比尔·盖茨谦逊的性格，还有一个故事广为流传。微软专门帮助比尔·盖茨准备讲稿的一位职员说，每次演讲前，比尔都会自己仔细批注并认真地准备和练习讲稿。而且，比尔每次演讲完，都会下来和他交流，问他："我今天哪里讲得好，哪里讲得不好？"并且还会拿个本子认真地记下来自己哪里做错了，以便下次更正和提高。

当一个人能够在事业上做得这么成功，但还能这么敬业，还这么谦虚，还这么愿意学习，这是非常难得的，因为很多人成功了就变得很自大。而比尔·盖茨的行为，不能不让我们敬佩。

曾国藩说："君子过人之处只是谦虚罢了。"谦虚是通往成功和赢得人们尊重的最重要的品质之一。生活中，那些才识、学问愈高的人，在态度上反而愈谦卑，希望自己能精益求精，更上一层楼。相反，那些妄自尊大，过分自负的人总是喜欢炫耀自己的才能，引起别人的反感，最终在交往中使自己走到孤立无援的地步，别人都敬而远之，甚至厌而远之。

谦虚使人进步，骄傲使人落后。这是千年不变的恒言。看看

先 做朋友，后 做生意

古今中外那些先哲伟人，即使取得了令人瞩目的成绩，也绝少有人因为自己具有足够资本而狂一狂的，相反，他们倒是非常自知而又非常谦虚的。所以，我们应该戒骄戒满，做人谦虚一些、谨慎一些，多一点自知之明为好。

　　沃尔玛从一个小杂货店发展为美国第一零售巨头，其成功得益于创始人山姆·沃尔顿和员工的不懈努力，而其中的重要一点，就是沃尔顿谦虚谨慎的态度。从1945年开始经营一家很小的商店到现在，沃尔玛已经历了许多大风大浪，而谦虚的经营原则在企业发展过程中一直贯穿着，并且仍然适用于他们现在的公司。曾经有华尔街的人预言说，一旦沃尔玛的销售额达到10亿美元以后，他们就不可能保持原来的经营。但他的预言失败了，他们还是老样子，而且一切运转正常。还有人预言说当沃尔玛的销售额达到100亿美元的时候一切就会崩溃了，因为他们认为沃尔玛不可能凭小杂货店的管理哲学来管理那么大的一家公司。现在他们已经成为全世界最大的零售商，而他们仍然能像野草那样不断增长。沃尔玛很快超越了那个目标，然后突破200亿和300亿美元。

　　事实上，山姆·沃尔顿也一直担心规模大可能妨碍工作的出色完成。规模过大虽然容易形成规模效益，也会招致危险。规模曾经毁掉了许多原本很好的公司，因为它们在规模扩大以后就狂妄自大，对顾客的需求不是茫然无知就是反应太慢，所以谦虚的经营原则绝对是山姆·沃尔顿一直不能忘却的。沃尔玛公司成为一家大公司的原因就是沃尔玛公司规模越大，他们所考虑的东西就越是基本。沃尔玛不会夸耀他们庞大的销售额和利润——因为这些成果是所有员工、商店经理以及分销中心的工作人员努力工作、保持态度和蔼以及发扬团队精神所创造出来的；他们不会因为有了500亿美元销售额的大连锁店得意忘形，从山姆·沃尔顿在纽波特开办那家本·富兰戈林商店开始，沃尔玛就从没忘记看着顾客的眼睛，大声说欢迎光临，礼貌地询问他需要什么。因为如果不是这样，沃尔玛公司不可能在此生存下去。

对于沃尔玛来说，集中于单独一家商店能够完成许多事情。例如他们恰好掌握了某一个商店能以某种方法促销自己的产品，他们便会很快把这个信息推广到全国其他的同类商店，检验它的适用性。

在沃尔玛公司的理解中，当他们谦虚经营时，他们总是力图警惕那些自负和自大的人。在沃尔玛工作的人不一定要具备谦逊的自我才能，但需知道怎样使自己显得谦虚。这些在经营沃尔玛的过程中起到了很重要的作用。

孔子说："三人行，必有我师焉。择其善者而从之，其不善者而改之。"意思是在众人之中一定有值得我学习的东西，因而要虚心学习别人的长处，把别人的缺点当镜子，对照自己，有则改之，无则加勉。可以说，敏而好学，不耻下问，虚怀若谷，是每个人必备的品质和修养。

总之，保持谦虚的品质、虚心向别人学习和请教是一个生意人实现自我提升的有效途径。在经商活动中，我们要时刻保持着谦虚的态度，多向有经验的人学习业务知识，学习他们身上的好的品质。相信别人的成功都是因为具有独到的优点。你若能从他们身上吸取各自的优点，你就是一个十分了不起的生意人。

做生意，贬低同行等于贬低自己

为了达到某种商业目的，在竞争的过程中诋毁对手，是一种很卑劣的行为。所谓诋毁对手，指损害他人商誉、侵犯他人商誉权的行为。具体而言，它是指经营者自己或利用他人，通过捏造、散布虚假事实等不正当手段，对竞争对手的商业信誉、商品信誉进行恶意的诋毁、贬低，以削弱其市场竞争能力，并为自己谋取不正当利益的行为。

商业社会，竞争激烈，对成败名利得失的追逐常常让人们耗尽脑汁、算尽心力。有时为了达到目标，不惜施以种种伎俩和手段，欺骗、排挤，甚至攻击、诋毁对手。这种恶意诋毁对手的不良行为，不仅给对方造成了恶劣的影响，而且对自己也是没有一点好处。

某工商所收到一家大型生产蚕丝被的张厂长的举报信息。张厂长说他们厂是中国国内最早开始生产蚕丝被的企业，多年以来，自己厂里的蚕丝被一直受到消费者的欢迎。但近些日子来，一些商场的蚕丝被销售额下降，营业员问询消费者意见时，被告之同在一市中的另一家蚕丝被生产厂家将他们厂的产品与自己厂中的产品相比较，并称自己的是优质蚕丝被，而张厂长厂中的蚕丝被是劣质产品。许多的消费者都轻信了他们的话，纷纷拒绝购买张厂长厂中产品。而今天张厂长在路过某家大型床上用品时，竟然亲眼看到了自己的同行将两家蚕丝被放在了一起，并打出广告：哪一种蚕丝被好，一看您就知道。

工商所收到举报之后，立刻决定换上便装与张厂长一起赶往销售现场。到了现场之后，工商所执法人员发现两家厂子生产的蚕丝被都被剪开之后摆放到了显眼处。张厂长厂中蚕丝被里的蚕丝发黄且呈现出团状，而该促销厂中的蚕丝却又细又白，看上去明显强于前者。当工商执法人员向张厂长询问这是否是其厂中的产品时，却收到了截然不同的回答，张厂长说他们厂中的蚕丝全是国家一级产品，绝不可能是发黄成团的样子，这非常明显是买了自己厂中的被子之后将其中蚕丝掏出，然后填充了劣质蚕丝再摆放出来的。

而现场的促销人员却全然不顾事实，一边宣传自己厂中的蚕丝是如何的好，一边诋毁张厂长厂中蚕丝被的质量是怎样的差。消费者完全被现场的宣传所蒙蔽，转向购买对方的蚕丝被。

工商局人员当场向大家指出，该产品并非原产品，而是被更换过的产品牌，并进而责问促销人员，告之这种非法更换其他厂家蚕丝被中的填充物，并拿之与自己厂中的蚕丝被相比较，是一种典型的不正当竞争行为，并责令其经销商进行更正，对张厂长商品的诋毁行为做出恢复名誉、并进行相应赔偿的责罚。而经销商坦白，是厂家发来销售方案让其进行这样的方式的。工商局决定立案调查这一诋毁同行的不正当竞争行为，而张厂长决定将其诉之于法律。

先做朋友，后做生意

诋毁竞争对手是商战中的一个大忌。这个事例告诉我们，对竞争对手的攻击往往不会达成消灭对手的目的，反而会使自己的形象大打折扣，最后受伤害的往往是自己。商业竞争要以不伤害别人为前提，我们可以利用正当合理的渠道宣传自己的企业及产品，但是要坚决反对恶意攻击和诋毁对手。

做事先是做人，背后说人是非，暴露的是自己品德的缺失，而在攻击竞争对手的同时也会使自己失去他人的拥护。相反，如果你赞赏竞争对手，对竞争对手的优点给予肯定，这样会让客户感到你是一个公平理智的商家，如此，客户在无形之中就向你靠近了。

贝格是美国信实保险公司杰出的推销员，他不吝啬赞美自己的同行，并不担心因此丢失了自己的生意。有一次，贝格打电话给某公司的前财务部主任钟尼斯先生。钟尼斯先生不认识贝格，也没有听说过他们公司的名字。以下是他们通话的内容。

贝格："钟尼斯先生，请问您投保哪家保险公司？"

钟尼斯先生："纽约人寿保险公司，大都会保险公司和天佑保险公司。"

贝格："您的眼光真不错."

钟尼斯先生（似乎被取悦）："真的吗？"

贝格："他们的确是一流的保险公司。这几家保险公司的优点分别在于……大都会保险公司非常卓越，甚至有些社区里的男女老少都投保这家公司。这些优点足以证明他们的确是世界一流的公司。"

钟尼斯先生（对贝格的判断力相当佩服）："嗯，你说得没错。"

贝格（最后下个简短而有力的结论）："钟尼斯先生，费城本地就有三家一流的大公司，分别是天佑、信实、互惠公司。"

对于贝格对同行的了解和赞许，钟尼斯先生印象深刻，所以一旦贝格介绍自己所隶属的保险公司，把公司与他熟悉的大公司并列，他很快就接受了贝格的介绍和说明。于是钟尼斯先生不仅个人投保，几个月后，他公司另外四位主管也投保信实公司，替贝格带来一大笔生意。当那些主管问及有关信实保险时，钟尼斯先生把贝格曾描述过的话重复一遍，并不是强调他是"费城三大保险公司之一"。

本杰明·富兰克林说："不要说别人不好，而要说别人的好话。大多数情况下，不失时机地夸赞竞争对手可以令人们取得意想不到的效果。"对竞争对手的评价，往往最能折射出一个商业人士的素质和职业操守。而保持客观公正的态度评价竞争对手，不隐藏其优势也不夸大其缺点，才能让你的客户从你的评价中了解相关信息，并感受你的素质和修养。

记住：攻击竞争对手，伤的是自己。不要攻击你的竞争对手，而要说他的好话！

勇敢承认"这是我的错"

古人说："知错能改，善莫大焉"。没有人愿意犯错，在错误的面前，能真正认识错误并改正错误，那么对自己，对事业来说都是一件好事。

在现实生活中，人不可避免地要犯错误。可是对很多人来说，承认错误却是件非常不容易的事情。他们总是用各种方式去掩饰自己的错误，给自己找托词，或者在掩盖不住自己的错误、实在没有办法的时候才被迫承认错误，这些都是非常可悲、毫无意义、还会让人看扁的行为。

人非圣贤，孰能无过。任何人都可能会犯错，是否能够正视错误、改正错误，是衡量一个人的重要标准。只有敢于承认自己错误的人才能获得别人的信赖。

著名遗传学家弗朗西斯·柯林斯曾担任NIH（美国国立卫生研究院）人类基因组研究所所长，那时他的事业如日中天。他的实验室里一位MD/PhD（医学/哲学双博士）的学生向一个学术杂志投的一篇文章被退稿，该杂志认为这篇文章盗用了其他学者文章中的图表。弗朗西斯首先针对实验结果做了深入调查，确认学生的文章确实存在造假问题，于是立即撤回该文，迅速写信给另外几个杂志社，把署有这个学生名字的其他五篇已经发表的文章也全部撤回。随后，他写了2000多封信给相关领域的科学家们，告知在他的实验室发生了造假事件，向大家道歉，并表明要为该事件承担责任。他说："尽管事情不是我做的，而且六篇文章里的其他五篇也不一定都有问题，但这篇被抓住了，其他的就都有造假的可能性，所以要把文章全撤下来。"毫无疑问，这样做对弗朗西斯本人和实验室的名誉有很大损伤，但他认为这样做对科学界有益。后来这个造假的学生被开除了，而且受到了惩罚。在这起事件中，弗朗西斯及时承认了错误、进行道歉、承担责任，并非常快地采取了行动。最终，这起造假事件对他本人、实验室及研究所不但没有造成大的负面影响，大家对弗朗西斯鲜明的是非立场、果断的危机处理能力反而钦佩有加，由此他被认为是一位有道德修养的科学界领袖。

勇于认错是一个人必须具备的品德和修养。有了错误，及时纠错，能够将错误所带来的损失降低到最低限度。反之，一味地掩饰和执拗，越抹越黑，越走越错，结果只能是失败。

知错就改，敢于道歉，才会赢得别人的尊重。本杰明·狄斯拉里说："世上最难做的一件事，便是承认自己错了。要解决这种情况，除了坦白承认错误，没有更好的办法。"倘若你发现自己错了，不承认甚至千方百计找借口为自己辩解，会让事情变得更糟。这时，你不仅得不到别人的谅解，还会受到道德上的谴责和人格、形象上的损害，甚至激化你和别人之间的矛盾，让你成为众矢之的。相反，如果我们每个人都能做到犯错后及时承认并道歉，不必要的矛盾、纠纷就会大大减少，整个社会的人际关系也会和谐很多。

先做朋友，后做生意

战国时期，赵国文臣蔺相如因功而被封在了武将廉颇之上，这使久有战功的廉颇很不服气，逢人便说："我廉颇攻无不克，战无不胜，立下许多大功。他蔺相如有什么能耐，就靠一张嘴，反而爬到我头上去了。我碰见他，得给他个下不了台！"这话传到了蔺相如耳朵里，蔺相如就称病不上朝，免得跟廉颇见面，就连在路上遇到廉颇也要绕道而行。蔺相如的食客觉得他如此惧怕廉颇，表现得太懦弱，蔺相如意味深长地说："你们认为是廉将军厉害还是秦王厉害？"大家纷纷说："当然是秦王厉害了。"蔺相如说："秦王那么厉害我尚且不怕，难道我会怕廉将军吗？我之所以避让他，是为国家着想。秦国之所以不敢侵犯我们赵国，是因为有我和廉将军这两个赵王的左右手，如果我们搞内讧，两虎相斗必有一伤，赵国的实力就会削弱，秦国定会乘机攻打我们，后果不堪设想！"

这些话传到廉颇的耳朵里后，廉颇羞愧不已。他脱掉一只袖子，露着肩膀，背了一根荆条，直奔蔺相如家。蔺相如连忙出来迎接廉颇。廉颇双手将荆条举过头顶，对蔺相如说："我为了争一口气，就不顾国家的利益，真不应该。希望先生大人有大度，不跟我计较。现在奉上荆条，请您鞭打我，来教训我！"

蔺相如把荆条扔在地上，用双手扶起廉颇，给他穿好衣服，拉着他的手请他坐下。从此以后，两人重归于好，共同为赵国出力。

廉颇的"负荆请罪"此后在历史上传为美谈！由此可见，犯了错误并不可怕，只要主动认错，及时改正，就会获得别人的原谅。

自己犯错后，学会认错、乐于道歉，是一种态度，是化解矛盾、平息事态的一种有效方法，也是一种应有的道德情操。事实上，敢于认错、乐于道歉的人，往往也会赢得别人由衷的尊敬。

宽以待人，你会收获更多

法国著名文学家雨果曾说过："世界上最宽阔的东西是海洋，比海洋更宽阔的是天空，比天空更宽阔的是人的胸怀。"宽容是一种高贵的品质、崇高的境界，是一种智慧和力量，学会宽容别人，也就是善待自己的一种方式，你在宽容别人的同时，也给了自己一个淡然的心态。

清代的红顶商人胡雪岩曾是一家钱庄的伙计。有一次，却因为资助朋友，被老板炒了鱿鱼。

胡雪岩的成功离不开两个人，其中一个就是叫王有龄。王有龄落魄的时候，正是有了胡雪岩的资助才能步上官途。但是胡雪岩的钱从哪来的呢？

这笔钱是胡雪岩从别处收来的500两银子，属于钱庄的财产，悉数借给王有龄，叫他赶快北上进京去打点，好补上空缺。私自挪用公款只为帮助朋友，王有龄当然是感激不尽，揣了银子立即北上，并在朋友的帮助下，顺顺当当地当上了盐运使。

然而，就在王有龄意得志满之时，胡雪岩却因私自拿钱庄的钱资助王有龄，被老板炒了鱿鱼。告密者就是自己的同事——钱庄的大伙计张胖子。

喝水不忘掘井人。王有龄回来之后，听说胡雪岩为了他的前途，将钱庄的"伙计"职务都丢了，便决意为恩兄好好地出一口气。

但胡雪岩阻止了他，这令王有龄很吃惊。原来胡雪岩心中另有打算，他思忖，如果自己因为这件事情，寻恶于钱庄的同僚们，这虽然出了心中的恶气，然而却于事无益。俗话说，冤家宜解不易结，更何况和气才能生财。只有与商界保持良好的关系才会有发财的机会。随时随地地冷静分析形势，并做出正确的选择，实际上这就是胡雪岩的过人之处。损人不利己的事不值得去做。当然，对于胡雪岩的见解，王有龄只有击节称赞，深深佩服。

不久，碰巧遇上了钱庄的"大伙计"张胖子过生日，祝寿之人络绎不绝。这天胡雪岩准备了一个纯金的"寿"字给他拜寿，并将王有龄引荐给他。张胖子感激得涕泪双流。是啊，在一群商客和伙计中，能有官府人士给其祝寿，实在是大大扬了他的脸面。张胖子拉着胡雪岩的手直拍自己的胸脯保证"以后有事，必当两肋插刀"。

我们不能不佩服胡雪岩的大度，须知，这个钱庄"大伙计"正是昔日将胡雪岩扫地出门之人，用一般人的看法是真正的仇人。但胡雪岩却做到了过怨两忘，因为他相信多个朋友多条路，少个冤家少堵墙。事实也正是这样，日后正是这个"大伙计"张胖子帮了他很大的忙，使他的事业有了一个良好的开端。

俗话说：冤冤相报何时了。以德报怨，浇下宽容与友爱，必定结出友爱。如果你在切肤之痛后，采取别人难以想象的态度，宽容对方，表现出别人难以达到的襟怀，你的形象瞬时就会高大起来，你的宽宏大量、光明磊落使你的精神达到了一个新的境界，你的人格折射出高尚的光彩。以德报怨，不但能很容易地化解矛盾，还能收获对方的尊重和友善。

宽容，作为一种美德受到了人们的推崇，作为一种人际交往的心理因素也越来越受到人们的重视和青睐。宽容的伟大来自内心，宽容无法强迫，真正的宽容总是真诚的、自然的。用你的体谅、关怀、宽容对待曾经伤害过你的人，使他感受到你的真诚和温暖。宽容所至，能化干戈为玉帛，仇恨的乌云也会被一片祥和之光所驱散，澄明而辽阔，蔚蓝如洗。

二战期间，一支部队在森林中与敌人相遇激战，最后两名战士与部队分开，失去了联系。他们之所以在战场上还能相互照顾，彼此不分，因为他们是来自同一个小镇的朋友。

两个人在森林中艰难跋涉，他们互相鼓励、互相安慰，十多天过去了，他们仍然未能与部队联系上。这一天，他们打到了一只鹿，依靠鹿肉他们又艰难地度过了几天。可是也许是战争的原因，动物都四散奔逃，或被杀光了，他们没有看到任何动物。仅剩下的一点鹿肉背在年轻一点的战友身上，这一天，他们在森林的边上又遇到了敌人，经过再一次激战，他们巧妙地避开了敌人。就在自以为安全的时候，他们饥饿难忍，这时只听见一声枪响，走在前面的年轻战士中了一枪，幸亏是在肩膀，后面的战友惶恐地跑了过来，他害怕得语无伦次，抱着战友的身体泪流不止，赶忙把自己的衬衣撕开包扎战友的伤口。

晚上，未受伤的战士一直叨念着母亲，两眼直勾勾的，他们都以为他们的生命即将结束。虽然饥饿，身边的鹿肉谁也没有动。天知道，他们怎么度过了那一夜，第二天，部队救了他们。

事隔三十年，那位受伤的战士安德森说："我知道谁朝我开了一枪，他就是我的朋友，他去年去世了。在他抱住我的时候，我碰到了他发热的枪管，我怎么也不明白，但当晚我就宽容了他，我知道他想独吞我身上带的鹿肉活下来，但我也知道他活下来是为他的母亲。此后的30年，我装作根本不知道此事，也从不提及。战争太残酷了，他的母亲还是没能等到他回来，我和他一起祭奠了老人家。他跪下来说，请我原谅，我没让他说下去，我们又做了二十几年的朋友，我没理由不宽容他。"

宽容是极高思想境界的升华，是一种博大的境界。表面上看，它只是一种放弃报复的决定，这种观点似乎有些消极，但真正的宽容却是一种需要巨大精神力量支持的积极行为。正如斯宾诺莎所说："心不是靠武力征服，而是靠爱和宽容大度征服。"同是面对他人的过错，耿耿于怀、睚眦必报定会带来心灵的负累。真正仁者会选择一份包容，一份泰然。包容的神奇就在于化干戈为玉帛，化敌人为朋友。

宽容是一种非凡的气度、宽广的胸怀，体现了一个人的素养，表现了人的思想水平。只有宽容，才会在心中留出一片天地给别人。能以宽容对待别人的人，在生活中能养成将心比心，推己及人的做人做事的习惯，这样的人，肯定是受人尊敬和欢迎的。

总之，胸怀宽广是一种涵养的体现，也是成就大事的前提。一个人如果拥有宽容之心，就会让他周围的人产生安全感与感激之情，进而靠近他、拥护他。所以，做人处世要有容人之量，这样你才会赢得更多的朋友。

低调做人，以低调姿态面对公众

俗话说：地低成海，人低成王。真正做大生意的人，他的精神里面一定是低调的。他们虽然生意越做越大，拥有财富，但是他们更自明。虽然富有，但不夸大显耀自己，财大而气不粗，钱多而不患身心浮肿病，始终以一种低调、平凡的姿态示人。

然而在如今这个崇尚个性、张扬自我的时代里，很多人认为只有高调做事，才能展示自己的才能和魅力，获得他人的关注，赢得良好的口碑。但事实上，过于张扬、招摇于市、高调行事，非但不能如愿以偿，反而惹人嫉恨，遭到诋毁和攻击，使自己的人生和事业蒙受挫折和损失。

先 做朋友，后 做生意

英国大文豪萧伯纳出名后赢得了很多人的尊敬和仰慕，但是年轻时的他特别喜欢崭露锋芒，说话也尖酸刻薄，谁要是跟他说话，便会有受到奚落之感。一天，一位老朋友私下对他说："你出语幽默、风趣，但是大家都觉得，如果你不在场，他们会更快乐。因为他们比不上你，有你在，大家便不敢开口了。你的才干确实比他们略胜一筹，但这么一来，朋友将逐渐离开你。这对你又有什么益处呢？"老朋友的话使萧伯纳如梦初醒，他感到如果不收敛锋芒，彻底改过，社会将不再接纳他，又何止是失去朋友呢？所以他立下誓言，从此以后，再也不讲尖酸的话了，要把天才发挥在文学上。这一转变不仅奠定了他后来在文坛上的地位，同时也广受各国读者的敬仰。

一个人不管取得了多大的成功，不管名有多显、位有多高、钱有多丰，也要学会低调。张扬和炫耀自己，那只是肤浅的行为，只会让自己陷入尴尬的境地。

低调是做人的最佳姿态。拿破仑曾经说："有才能往往比没有才能更危险；人不可避免地会遇到轻蔑，却更难不变成嫉妒的对象。"所以越是有才华的人，就越要保持低调的智慧。一个真正成熟的人，一个对生活圆融通达的人，在自己志得意满的时候，在自己功成名就的时候，他们会时时警醒自己低调一些，再低一些，提醒自己放低姿态，摆正心态，以谦恭礼让的态度待人，以谨小慎微的态度处事，有功不自夸，有过常自省。他们懂得，风光一定不独占，好处他人也沾光，这样既让他人感到了平衡，熄灭了嫉妒之火，也能在以后更好、更多、更大的成就自己，而绝不会让自己的成就成为对别人的威压，不会因自己的显耀让别人不自在，从而惹恼他人，使自己陷入困境。

低调是一种心态。人生而平等，我们来到这个世上，不管拥有多少丰厚的条件，都不能骄傲！在这无垠的世界，我们要以一颗平凡的心与别人相处。诚然，通过我们的努力，哪天我们得到了荣誉地位，我们也不能把自己看得高高在上，也应该以一种低调的心态与别人相处，只有这样我们才能真正让别人佩服。

我们知道，温州人常常被人们誉为中国的犹太人，个个精明过人，全民皆商。他们是当今中国最具人气的"财富制造商"，是最会赚钱的人群。但他们却向来为人低调，不张扬、不显富，这是温州人的一种处世哲学。他们做事比较理性、低调和务实，对自己事业的成功不爱炫耀，对自己拥有的财富不做宣扬。

曾有一位游客在温州与当地的一位出租车司机边走边聊天。游客说："听说温州人很有钱，你们开出租车也该过得不错吧。"出租车司机说："日子过得一般，存款倒是有一点，也不多，才300多万元，像我这样的在温州是最穷的人。"游客听了，看着司机认真的表情，半天没有回过神来。在其他地方拥有300万元的人肯定不会再辛辛苦苦地开出租车了，也不愿意再受这份罪，而温州人却非常低调，在他们眼里，300万元算不上什么，也绝对不是什么值得炫耀的资本，因为在温州像这样的人顶多算个平民阶层。

在温州的大街上，没准哪一个衣着普通的行人就是身价上千万元的富豪，这绝不是什么稀罕事。难怪有人戏称，在温州，一万两万贫困户，十万百万不是富，百万以上刚起步。由此可见，温州人的财富是多么的令人惊羡。据温州银监分局的调查结果，目前，温州的民间资本应该在1500亿左右。但是，权威人士表示，这个数字并不准确。因为，温州人一般不喜欢露富，许多百万富翁、千万富翁甚至是亿万富翁，他们的生活还是相当节俭的，人们并不知道他们拥有的真正财富是多少。因此，统计数字往往是缩水的。正如经济学家吴敬琏所说，温州人在数字方面表现得十分谦虚，实际财富要大于官方公布的数字。所以，在钱这个问题上，很多温州人是比较低调，一般不会对外人炫耀。在名和利的方面，他们更是如此。这是值得我们学习的。

> 陈曾熙是恒隆的创始人，同时也是一位巨富隐者，1972年上市的华资地产五虎将之一。
>
> 1979年，陈曾熙以3.27亿元投得镕庆大厦，某记者好不容易在一次偶然场合与陈曾熙相聚一起，记者问他这样高价值是否值得，他回答道："值得。"便无他话，令记者索然无趣。陈曾熙从不接待记者，亦不曝光。
>
> 香港出版的《富豪列传》中，每位富豪都配有一张照片，陈曾熙唯有一张模糊不清的遵照。出版者无奈之下，只好用其弟照片代之，下标明"陈曾熙之弟陈曾焘"。

由此看来，低调的人，从来不习惯炫耀自己，他们总是不张扬，处世朴实。与一些喜欢抛头露面、夸大其词的生意人比较起来，其不爱出风头的个性，显得十分突出。

低调是做人的最佳姿态，是收服人心的资本。即使你家庭显赫，满腹才华、能力比别人强、也要学会保持低调。

在生意场上，真正有大作为的人懂得"低调哲学"的人，他们为人低调，不张扬、不显富，做事比较理性务实，对自己事业的成功不爱炫耀，对自己拥有的财富不做宣扬，他们把大量的时间和精力花在如何赚钱上。这是一个成功的生意人应该有的性格和品质。

准确把握时间，守时是生意人必备的素质

守时，对生意人来说是一种好习惯。在与他人的交往中，守时是一种礼貌和信用，它体现了一个人的教养和基本素质，不可小视。

不要以为约会迟到只是一件稀松平常的事，更不要以为它不足以产生严重的不良后果。事实上，在"守时"被视为美德的社会里，"迟到"是一种令人难以接受的恶习。

张先生想买一台笔记本电脑，他和推销员小刘约好下午一点半在小刘办公室面谈。张先生准点到达，而小刘却在20分钟之后才趾高气扬地走了进来。

"对不起，我来晚了。"他随口说着，"我能为你做点什么？"

"你知道，如果你是到我的办公室做推销，即使迟到

了，我也不会生气，因为我完全可以利用这段时间干我自己的事。但是，我上你这儿来照顾你的生意，你却迟到了，这是不能原谅的。"张先生直言不讳地说。

"我很抱歉，但我刚才正在街对面的餐馆吃午饭，那儿的服务实在太慢了。"

"我不能接受你的道歉。"张先生说，"既然你和客户约好了时间，当你意识到可能迟到时，应该抛开午餐前来赴约。是我，你的客户，而不是你的胃口应该得到优先考虑。"

尽管那种计算机的价格极具竞争性，小刘也毫无办法促成交易，因为他的迟到激怒了客户。更可悲的是，他竟然根本没想通为什么会失去这笔生意。

守时是最基本的礼貌，也是获得别人信任的手段。不守时，就无从树立自己的信誉。没人愿意信任一个连时间都保证不了的人，也不会有人愿意同拖拖拉拉、效率低下的合作伙伴做生意。所以，要建立自己的信誉，就首先要守时。

所谓守时，就是遵守时间，履行承诺，答应别人的事情就要在规定的时间范围内完成。守时，不是一件小事，守时不仅是自身素质的一种体现，也是对他人尊重、负责的一种人际关系体现。如果你对别人的时间不表示尊重，你也不能期望别人会尊重你的时间。一旦你不守时，你就会失去影响力。

人们常说："时间就是金钱，时间就是生命。"时间的重要性不言而喻。既然时间如此宝贵，那么守时就显得更加重要了。守时是社交的礼貌：跟别人约好时间，就不能迟到。堵车、临时有电话、出门时恰有访客……这些都不是理由；不浪费别人的时间，才是最好的理由。你已经与别人约好了时间，就不能迟到，因为这是失礼的行为，而且在工作上，如果迟到了，必然因此会丧失合作的机会，所以守时是社交的一种礼貌。

陈诗钊是恩施联盟投资公司董事长，他有一个因诚信而得名的外号——"陈准时"。一次，他和某部门的领导约定下午三点五十分见面，但无奈的是，陈诗钊在赴约时发生堵车，眼看时间一分一秒地过去，离约定的时间就只差十几分钟了，怎么办？走！离目的地还有1000多米，陈诗钊一路小跑，最终在约定时间的最后一分钟内赶到。这事让那位领导感慨了好久，"陈准时"这个外号也就叫开了。

守时的习惯代表你对自己的控制能力。如果一个人平常的举止行为，没有办法守时的话，那他做什么事情应该也难会如期完成。一个守时的人定是一个懂得珍惜时间的人，不仅仅要注意不浪费自己的时间，也要时时注意不能够白白浪费别人的时间。管理好自己的时间，就是让自己无论在做什么事的时候都能够轻松应对、游刃有余。一个守时的人，必将获得别人的尊重，也必将赢得自己的成功。

柴田和子是日本第一生命保险公司的金牌推销员。有一次，她给一家公司的经理打电话，预约见面的时间。经理说："你中午来吧。"于是，柴田和子在中午12点准时出现在预约的公司里，当她敲开了经理的门，然后说："对不起，打扰您了，我是和您预约好的，我是……"

"小姐！哪有人会选择在午餐时间来拜访客户的？真是不懂礼貌。"没等柴田和子说完，经理便用手指着柴田和子，把她数落了一顿。

柴田和子反问道："那么请问，您所说的中午是几点？"

经理回答："中午就是中午。"

"您让我中午来，所以我才十二点准时到。我按照您的吩咐中午到，难道错了吗？"

经理看了看柴田和子，心里想：天下怎么会有如此固执的女人！于是说："难道中午就非得是十二点吗？"

柴田和子缓和了一下口气说："既然不是十二点，那我过半个小时以后再来，好吗？"

经理点点头，说："可以。"

于是柴田和子来到附近的快餐店点了一份日本料理。吃完午餐后，柴田和子看了看表，和约好的时间还差十分钟，于是又返回公司。

到了十二点半，柴田和子大步走进经理办公室，大声说："对不起，打扰您了，请见谅！我是第一生命保险公司的柴田和子。"

经理看到柴田和子的时间观念如此强，便允许她向自己介绍保险，最后接受了柴田和子的建议，当场签署了20万元的保单。此后，这位经理不但成了柴田和子的好朋友，还为她介绍了很多新的客户。

　　守时是一种对别人的尊重，是自己的一种信誉，是一种于细节处相见的美德。它不仅体现出一个人对人、对事的态度，更体现出一个人的道德修养。如果你与客户预约了时间，就一定要提前或准时到达，如果因不可抗拒的因素迟到或无法赴约，必须及时通知客户，诚挚地道歉。而在与客户见面时，更应该保持谦虚谨慎的态度，切忌傲慢无礼、夸夸其谈，否则会让客户感觉到你不可靠，从而丧失交易的机会。

第五章　感情投资，
赢得生意场上的好人缘

联络感情，有事没事常联系

与人保持联系是人际交往的必要环节，是维系人际关系的桥梁。在生活中，少不了要与人来往，结交些朋友。好朋友之间常常来往，当自己遇到困难的时候，这些好友才会在第一时间赶过来给予帮助。也许你会有这样的经验：当你面临一种困难，你认为某人可以帮你解决，你本想马上找他，但你后来想一想，过去有许多时候，本来应该去看他的，结果你都没有去，现在有求于人就去找他，会不会太唐突了，甚至因为太唐突而遭到他的拒绝。在这种情形之下，你不免有些后悔。

刚进家门，刘威就看到家里来了徐强这个不速之客。这让他心中多少有些不快，甚至有些吃惊。这个家伙从他的生活中已经消失了将近两年的时间。虽然说以前关系是不错的，但俗话说得好，三年不上门，是亲也不亲。人与人之间的关系是越处越好的，都这么久没联系了，再见面已经很生疏了。

留下徐强吃完饭之后，徐强才道出来的目的，因为自己的儿子要升初中了，希望刘威能够帮忙找人选一个好一点的学校，最好能进入市重点中学。

徐强知道刘威在教育界有很多熟人，这一点小事不是什么难题。但刘威的心里是老大的不情愿，因为觉得自己只是被他利用，没有什么情分了。再说，以前也不欠他的，现在看他这个样子，即使欠了自己的，也是不会还的。刘威便笑着说，你都不知道这两年我和教育界已经没有联系了，现在再贸然地找人家，也不知道人家会怎么想。很多时候，你是拿着钱，都不知道该给谁去送这份人情。

刘威的态度就是在委婉地拒绝，徐强也听出了他的话外之音。见他态度如此，他也就不好意思再继续说下去，于是就告辞了。

刘威送走徐强之后，就在妻子面前抱怨道，平时连个影子都见不到，看见我有用了，立马跑过来。我最恨这样的人了，最不想和这样的人做朋友了。

俗话说得好："平时多烧香，急时有人帮。"朋友之情重在联系，如果平时不联系，时间会冲淡一切，很多原本牢靠的关系就会变得松懈，即使关系再好的朋友也一样。所以不要等到需要获得别人帮助时才想到别人。时常联系朋友，会让对方觉得你始终都在关怀他，认为你始终将朋友放在心上，而这样的有心人一般都很受朋友的欢迎，若你遇到困难时，朋友们也一定会努力帮助你渡过难关。

其实，人际交往是一个互动的过程，长时间不联系，感情的交流就会停滞甚至倒退。再好的感情也需要不断经营维护，只有平时与朋友多联系，才能巩固并增进相互之间的感情。

赵刚与苏伟曾经是高中同学，两人还曾住在同一个宿舍，所以关系一直不错，互相都把对方看作交心的朋友，不过高中毕业后，苏伟父母离异，他因此变得内向孤僻起来，也不再爱主动联系同学和朋友。

　　原先宿舍里的好朋友都渐渐疏远他，毕业之后也就自然而然断绝了联系，而赵刚始终把苏伟当成要好的朋友看待，平时总是主动联系苏伟，发一些祝福和问候的小短信，哪怕只是象征性地寒暄几句。节假日的时候，如果条件允许，赵刚会邀请苏伟一同出去聚餐，双方的友情就这样一直保持下去。

　　苏伟也经常会打电话给赵刚，诉说生活和工作中的琐事，赵刚更乐于成为倾听者，分享朋友生活中的快乐与辛酸。双方几乎每周都要联系几次，即便后来赵刚成立了自己的公司，整天忙于事业，他依然不忘联系朋友。十年下来，两人的联系从未断绝，友谊也日益加深。

　　2010年，赵刚的公司因为资金短缺而面临倒闭的危险，苏伟听说后，立即取出自己所有的积蓄，将其交给赵刚，并积极四处奔走，动用自己的一切关系，努力帮助朋友筹款。经过半个月的辛苦努力，苏伟最终帮赵刚解决了资金短缺的问题，使公司的资金顺利周转下去。赵刚对于苏伟的帮助十分感激，而苏伟这时淡淡一笑，打开手机相册给赵刚看，原来这里存放着十年来两人的合影。

　　可见，朋友有时在很危急的关头能帮上大忙，能起到排忧解难的作用。但是，朋友关系的维系来自自己的努力。在与朋友分开之后并没有经常性的联系，那关系之好无从谈起。生活中，很多人都会因为各种原因疏忽了和朋友的联系，总觉得反正是朋友，应该会理解的。事实上，等真的需要帮助的时候，才发现原来的朋友因为缺少联系关系都变得淡漠了。所以，千万不要让你和朋友失去联系，也不要让你的通信录落上尘土，要时刻记得，朋友是可以陪伴你一生的好帮手。只要你有这份心、这份情，能够真诚地维持分开之后的朋友关系，那你的人际面会更加广泛，路子也会比别人多出几条。

平时多烧香，遇事有人帮

在处理人际关系时，有些人喜欢急功近利，追求短期效应，现用现交，有事了才想起去求别人，又是送礼、又是送钱，显得分外热情，恨不能讨好一切人，应酬好一切关系。这是拙劣低下的表现。说其拙劣低下，因为它是一种虚假。

人情投资最忌近利。讲近利，就有如人情的买卖，就是一种变相的贿赂。对于这种人情，凡是讲骨气的人，都不会高兴，即使勉强收受，心中也总不以为然。即使他想还报你，也不过是半斤八两，不会让你占多少便宜的。你想占一些人情上的便宜，必须在平时去冷庙烧香。平时不屑到冷庙烧香，有事才想临时抱佛脚，冷庙的菩萨虽穷，绝不稀罕你这一炷买卖式的香。一般人以为冷庙的菩萨一定不灵，殊不知穷困潦倒的英雄，是常有的事，只要风云际会，就会一飞冲天，一鸣惊人。所以劝你找几座有希望的冷庙，随时去烧几炷香，网罗贤豪，使为己用。

人的飞黄腾达，要靠机遇。你的朋友之中，有没有怀才不遇的人？如果有，这就是冷庙，这个朋友，是个有灵的菩萨，原应该与热庙一样看待他，时常去烧烧香，逢年过节，送些礼物。

秦昭王四十二年，安国君被立为太子。安国君有二十几个儿子，楚女夏姬所生的子楚因为不被安国君喜欢，所以被送到赵国去做人质。由于秦国多次攻打赵国，赵国对子楚很不礼貌。这时，大商人吕不韦正在邯郸做买卖，他见到困窘中的子楚，认为这件"奇货"有广大的发展前景，不禁喜出望外。虽然现在看来子楚是个落魄王孙，可是吕不韦以其独到的眼光已经看到了将来自己的荣华富贵已和这件奇货牢牢地拴在了一起。

吕不韦在赵国发现子楚后，回去对他父亲说："将资金用不着于田亩农桑的利润有多少呢？最多不过十倍；投资于珠玉珍宝的利润有多少呢？最多不过百倍；但如果用来资助未来的国君，那回收的利润有多少呢？"吕父回答："无可估价，不可限量。"于是，吕不韦去拜见子楚，对子楚说："我能光大您的门庭。"子楚笑着说："您先光大自己的门庭之后才能光大我呀！"吕不韦说："您还不明白，我的门庭等您的门庭光大之后才能光大。"子楚心里明白他话里的意思，就让吕不韦到里边坐下，深谈起来。吕不韦说："秦王老了，安国君被立为太子。我私下听说安国君喜欢华阳夫人，华阳夫人没有生儿子，但能立储嗣的只有华阳夫人。如今您兄弟二十多人，您排行居中，又不大受宠幸，只好长期在外作人质。即使大王去世，安国君即位，您也无法与长子以及朝夕在王前侍候的兄弟们争做太子。"子楚说："的确如此，怎么办才好呢？"吕不韦说："您手头拮据，客居此地，没能力进献太子、夫人，也无法结交宾客。我虽不富裕，但愿意携带千金去侍奉安国君和华阳夫人，争取立您为储嗣。"子楚向吕不韦叩头答谢，说："如果您的计划实现，我愿意和您共同享有秦国。"

吕不韦遂以子楚的名义，送了许多奇物珍玩给华阳夫人，并传言子楚贤孝，日夜思念着安国君与夫人。同时又买通华阳夫人的姐姐，通过她对华阳夫人说："以美色取悦于人的，一旦年老色衰，宠幸就结束了。你现在虽深获宠爱，却难保将来不会失宠。何况你又没有为安国君生下儿子，缺乏晚年的保障。不如及早在诸公子中找个可以依靠的收为养子，扶立他为继承人，那么以后立子为王，母由子贵，你就永远不会失势了。"

华阳夫人之姐又继续建议说："如今在赵国为人质的子楚贤智孝顺，只因为兄弟排行居中，母亲又不得安国君喜爱，所以夺嫡无望。你如能让他过继为你的儿子，帮助他取得安国君的嫡位，那他一定感激你，而你的一生一世也就不用烦恼了。"华阳夫人觉得有理，便收子楚为子，助他取得嫡位。后来安国君即位，子楚便立为太子。安国君和华阳夫人还赠重礼给子楚，并请吕不韦做子楚的师傅。

秦昭襄王五十年，秦国派王翦围攻邯郸，情况十分紧急，赵国要杀子楚。子楚和吕不韦送给看守官员六百斤黄金，从而逃归秦国。昭襄王五十六年，昭王去世，安国君继位，华阳夫人做了王后，子楚被立太子。安国君为王一年就去世了，谥号为孝文王，太子子楚即位，这就是庄襄王。庄襄王元年，任吕不韦为丞相，封为文信侯。庄襄王在位三年就去世了，太子嬴政继位为王，吕不韦被尊为相国，号称"仲父"。

吕不韦真不愧为眼光长远的大商人。他把子楚当作一个长期的投资目标，并没有被眼前子楚的落魄所迷惑，坚信自己的选择，最终取得了成功。

人们自然喜欢结交现在看来就很有价值的朋友，但是，谁都不会知道明天的命运会怎样。我们为人处世，还需要长远眼光。正所谓：风水轮流转，总有一天那些曾经落魄的人，也许要不了多久，就会变成人人都巴结的关键人物。所以，积累人脉不妨要把目光放长远，拜拜冷庙，烧烧冷灶，结交几位落难英雄。常言道："时穷节乃现，患难见真情。"在困难中得到的帮助，谁都会牢记不忘，感受也更为深刻，这时候结下的友情才最有价值、最令人珍视。

俗话说，三十年河东，三十年河西。人的一生不可能一帆风顺，挫折、背运是难免的。一个人落难正是对其周围的人，特别是对其朋友的考验。远离而去的人可能从此成为路人，同情、帮助他渡过难关的人，他可能铭记一辈子。

有一个刚进一家合资医药企业的小伙子，一次拜访一家三甲医院的临床主任，科里一个认识的医生在走廊里拦住他说："你不要拜访他了，他下台了，已经不是主任了。"这位医生悄悄告诉他说："这位主任被免职了。现在已经换主任了！"

先做朋友，后做生意

原来的主任是这家医院表彰的"杰出专家"，性格狂傲暴躁，有点恃才傲物，据说半年前指着鼻子把院长骂了一顿，要倒霉也是意料之中的事。

这位小伙子不愿做落井下石的事，他觉得拜访新主任是迟早的事，下台的那个要是现在不去以后见面就尴尬了。所以他问明了新旧两位主任的办公室位置之后，站在原地犹豫了一下，还是带着准备好的礼品先敲响了前任主任的门。

那位前主任正在办公室闭门思过。这位小伙子的到来很让他惊讶。他爱理不理的，直接说以后别找他了，他不是主任了，有事可以去找新主任。这位小伙子把礼品拿出来说："新主任我以后会去拜访，不过这并不妨碍我拜访您啊，您是我们公司的老朋友了，我就是来拜访公司的老朋友的呀。"这位主任很意外，语气也客气了些，给这位小伙子写了新主任的名字和办公室门牌号，说以后合作上的事找她去吧。小伙子只好知趣地告辞，说："那您先忙吧，我下次再来拜访您。"主任说："还忙啥呀？主任也不当了，没什么可忙的了！"这位小伙子还真有点初生牛犊不怕虎的劲头，听见这位主任的这句话，转回身说："您怎么有这样的想法呢？"这位主任显然牢骚满腹，一时还不适应角色调整，站在办公桌后茫然四顾说："不当主任了有什么可忙的？"这位小伙子一时兴起，就脱口而出说道："不当主任了您还有自己的专业啊，您照样是杰出专家啊。不当主任，关起门来钻研学问也好啊。要是都像您这么想，那我们这些大学毕业了却不能从事本专业的人，岂不是都不要活啦？"

主任愣了一下，可能还没人敢这样对他说话，尤其是一个小小的业务员，竟然敢用这种语气和自己说话。这位小伙子也觉得自己不礼貌，赶紧拣好听的说："像您这样的性格一定喜欢李白的诗吧？《将进酒》中有两句是'天生我材必有用，千金散尽还复来。'写得多好！您忘了吗？"这几句话说得主任很感动，找出纸笔让这位小伙子写下作者和标题来，说他去查原文。临出门的时候，这位小伙子转过头对着主任说："其实很多时候环境是无法改变的，如果我们无法让自己完全妥协，至少我们可以决定自己面对逆境时的态度。不论在什么环境条件下，我们都应该尽自己最大努力去创造发挥自己，这样才不会后悔。"这位小伙子凭着自己刚毕业时的意气风发，对这位前主任好好劝导了一下，话虽然说得有点刺耳，但是对于这位原主任来说已经足够了。

谁也没有想到，那位主任竟然在下课三个月之后，又恢复职位了！这位小伙子的业绩可想而知了。

后来，这位小伙子因为工作成绩突出调走了，这位主任还念念不忘，多次到他的公司询问他的下落。

多个朋友多条路，故事中的小伙子就因为不嫌弃落难朋友，因而给自己打开了一条"路"。所以，交朋友要有长远眼光，眼睛不能只盯着炙手可热的权势人物，冷庙也得多烧香，这样办起事来你的路子才会四通八达。

俗话说得好："晴天留人情，雨天好借伞。"一个人失势时，经常会遭到众人的漠视，原来与他交往密切的人都离他而去，如果此时你伸出援助之手，与之交往，他就会心存感激，铭记一辈子。对失势的人说一句暖心的话，就像对一个将倒的人轻轻扶一把，可以让他得到支持和宽慰。

人情往来最忌目光短浅，平时不屑"向冷庙上香"，事到临头再来"抱佛脚"就来不及了。一般人总以为冷庙的菩萨不灵，所以才成为冷庙。其实英雄落难，壮士潦倒，都是常见的事。只要一朝交泰，风云际会，仍是会一飞冲天、一鸣惊人的。

从现在起，多注意一下你周围的朋友，若有值得"上香的冷庙"，千万别错过了才好。

雪中送炭，对朋友施以援手

生活中，多数人都喜欢锦上添花，毕竟，在好的事情面前多一句赞美，说几句顺风话，实在是一种人情交际。但聪明人更知道雪中送炭的可贵。虽然雪中送炭和锦上添花都可以落得人情，可两者的效果是完全不一样的。因为如果一个人处在极度的困境之中而你施以援手，那么他便可能会感恩一辈子。

我国著名作家钱钟书先生一生日子过得比较平和，但在上海写作《围城》的时候，生活上遇到了一些困难。由于经济上的问题，他不得不辞退保姆，由夫人杨绛操持家务，一家人紧巴巴地过日子。那时候，钱钟书的学术文稿没人买，于是他写小说的动机里就多少掺进了挣钱养家的成分。一天500字的精工细作，却又绝对不是商业性的写作速度。恰巧这时黄佐临导演上演了杨绛的四幕喜剧《称心如意》和五幕喜剧《弄假成真》，并及时支付了酬金，才使钱家渡过了难关。时隔多年，黄佐临导演之女黄蜀芹之所以独得钱钟书亲允，开拍电视连续剧《围城》，实因她怀揣老爸一封亲笔信的缘故。钱钟书是个别人为他做了事他一辈子都记着的人，黄佐临40多年前的义助，钱钟书多年后仍然记在心里。

在别人最困难、最需要帮助的时候，你伸出援助之手，就能够让对方铭记一辈子，时时念着你的好，这其实是一种人脉的积攒。俗话说：受人滴水之恩，当以涌泉相报。你帮人忙，别人便欠了你一个人情。日后你有困难，他一定会回报你。

战国时代有个名叫中山的小国。有一次，中山君设宴款待国内的名士。当时正巧羊肉羹不够了，无法让在场的人全都喝到。有一个叫司马子期的人，因没有喝到羊肉羹而怀恨在心，到楚国劝楚王攻打中山国。楚国是个强国，攻打中山易如反掌。中山被攻破，国王逃到国外。他逃走时发现有两个人手拿武器跟随他，便问："你们来干什么？"两个人回答："从前有一个人曾因获得您赐予的一壶食物而免于饿死，我们就是他的儿子。父亲临死前嘱咐，中山有任何事变，我们必须竭尽全力，甚至不惜以死报效国王。"

中山国君听后，无限感叹地说："我因为一杯羊肉汤而亡了国，因为一碗饭而得到两个忠心的勇士。"

上面这段故事记录在《战国策》一书中，后面还有两句评语："与不期众少，其于当厄;怨不期深浅，其于伤

心。"意思是说：给别人的好处不在于多少，而在于正当别
人处境困难急需帮助的时候；结怨不在于深浅，而在于伤了
人的自尊心。

从上面的事例可以看出，关键时候的雪中送炭胜过锦上添
花。处在困难之中的人，哪怕得到的是很小的援助，也会令人格
外感激。

雪中送炭不仅是对别人的一种帮助，同样也是对自己的帮
助。做一个雪中送炭的人，除了能保持一份最基本的善良外，还
有就是在最危难时帮助过他的人，他会深刻记住你，一旦将来
有所成就，其回报也远比锦上添花的强，因为锦上添花的人太多
了，被添花者未必记得你是谁。

其实，要想给予别人雪中送炭的情谊，一点都不难，然而，
遗憾的是一些人总是可以敏感地觉察到自己的苦处，却对别人的
痛处缺乏了解。他们不了解别人的需要，更不会花工夫去了解；
有的甚至知道佯装不知，大概是没有切身之苦、切肤之痛吧。

虽然很少有人能够做到"人饥己饥，人溺己溺"的境界，
但我们至少可以随时体察一下别人的需要，时刻关心朋友，帮助
他们脱离困境，当朋友身患重病时，你应该多去探望，多谈谈朋
友关心感兴趣的话题；当朋友遇到挫折而沮丧时，你应该给予鼓
励；当朋友愁眉苦脸、郁郁寡欢时，你应该亲切地问讯他们。这
些适时的安慰会像阳光一样温暖受伤者的心田，给他们以希望。
这些都是雪中送炭的表现。

人活于世，必然有助人之时。所以一定要记住：救人要救
急，要做到雪中送炭而不是去锦上添花。

开启人情账户，建立情感密码

众所周知，在银行里开个户头，就可以储蓄以备不时之需的账款。你存储的愈多，你的财富就越富足。同样，人脉也需要开个账户，就是把"银行"开在朋友或是顾客的心里，你为了维系你们之间的关系，而存入真诚关怀、超值服务。你的感情账户存入的越多，你与朋友的感情就越深厚。

任何人都有求人帮忙的时候。在人际交往中，如果没有养成储存人情的习惯，以自我为中心，很少满足对方的需要，那么在关键时刻，在你需要别人帮忙的时候，就会显得被动，不那么容易。相反，你建立了"人情账户"，在朋友困难的时候，你帮助了他，朋友欠了你的人情，有时候甚至不用自己开口，你的事情也会在大家的关照下迎刃而解。

有一家电脑公司的老总十分擅长交际。他长期为一些国有大中型企业提供电脑组装及维护工作，对这些大中型企业的重要人物常施于小恩小惠，以求得到他们的支持。但是这位老总的交际方式与一般人的交际方式的不同之处在于：不仅结交公司要人，对年轻职员也殷勤款待。

俗话说，无利不起早。这位老总并非无的放矢。事前，他总是想方设法就这些企业内各员工的学历、人际关系、工作能力和业绩等，做了一次全面的调查和了解，认为这个人大有可为，以后会成为该公司的要员时，不管他有多年轻，都尽心款待。这位老总之所以如此，是在为日后获得更多的利益做准备。他明白，十个欠他人情债的人当中有九个会给他带来意想不到的利益。

　　每当有自己认识的某位年轻职员晋升或提干时，他会立即跑去庆祝，赠送礼物。年轻科长自然十分感动，无形中产生了感恩图报的意识。这样，当有朝一日这位职员晋升为处长，经理等要职时，仍记着他的恩惠。因此在生意竞争十分激烈的时期，许多承包商倒闭的倒闭，破产的破产，而这位老总的电脑公司却仍旧生意兴隆，其原因之一就是他平常人际关系中感情投资多。

　情感是一种无形的资产，巧妙地运用这种资产，会收到意想不到的回报。你在感情的账户上储蓄，建立人情账户，就会赢得对方的信任，那么当你遇到困难或求人办事，需要对方帮助的时候，就可以得到这种信任换来的鼎力相助。而人情主要来自你以前的积累，来自你以前为现在的情感所做的"投资"。

　人情像是一个存折，它积蓄在人生"银行账户"中，人情生意做得越多，人一生的财富就会越丰厚。所以，人情账户存储的积累本身就是一笔丰厚的财富，而这笔财富是心与心的互换，是爱与爱的付出，更是金钱买不到也换不走的。天下没有一次性的人情。其实，帮人就是积德，帮人就是积善。人都爱面子，当你给足朋友面子，他日朋友也一定会给你"面子"。这是中国传统中的礼尚往来，也是操作人情账户的全部精髓之所在。

人际往来，帮忙是互相的，且不可像做生意一样赤裸裸地，一口一个"有事吗""你帮了我的忙，下次我一定帮你"。忽视了感情的交流，会让人兴味索然，彼此的交情也维持不了多长时间。要讲究自自然然，不故意"打埋伏"，以免被别人想："和他做朋友，如果没用处，肯定会被一脚踢开！"

东汉名将周瑜曾在袁术手下为官，当一个小县令。当时，他所管辖的地方上发生了饥荒，当时又是战乱时期，粮食问题就日渐严峻起来。老百姓没有粮食吃，很多人被活活饿死，军队也饿得失去了战斗力。周瑜作为地方父母官，看到这悲惨情形急得心慌意乱，却不知如何是好。

周瑜听说，附近有个乐善好施的财主叫鲁肃，他家素来富裕，想必一定囤积了不少粮食，不如去向他借。于是周瑜带上人马登门拜访鲁肃，寒暄完毕，周瑜就开门见山地说："不瞒老兄，小弟此次造访，是想借点粮食。"

鲁肃一看周瑜气度和言谈举止，便知他日后必成大器，顿时产生了爱才之心，大笑说道："此乃区区小事，我答应就是。"

鲁肃亲自带着周瑜去查看粮仓，这时鲁家存有两仓粮食，各三千斛，鲁肃痛快地说："也别提什么借不借的，我把其中一仓送与你好了。"周瑜及其手下一听他如此慷慨大方，都愣住了，要知道，在如此饥荒之年，粮食就是生命啊！周瑜被鲁肃的言行深深感动了，两人当下就交上了朋友。

后来周瑜发达了，真的像鲁肃想的那样当上了将军，他牢记鲁肃的恩德，将他推荐给了孙权，鲁肃终于得到了干事业的机会。

中国有很多关于以心换心、以情动情的民谚："投之以桃，报之以李""你敬我一尺，我敬你一丈"等等，说明付出了总会有收获。很多时候，你在为自己人情账户储蓄的同时，被帮助的人也会牢牢记住你给予的帮助与恩情，因此，把你当成一辈子都不敢忘记的人来报答。当你遇到困境需要帮助的时候，开启你人情账户的密码，只要你开口甚至不需要开口，你曾经帮助过的人一定会在关键的时刻站出来，同样会帮助你渡过难关并走出困境。

人们常说：世上的钱债易还，人情债难还。的确，金钱的债务无论多少都有个数目，而感情的债务却无法用冰冷的数字来衡量。讲究情义是人性的一大弱点，中国人尤其如此。所以，无论是交朋友还是做生意，都要学会从情感投资着手，虽然短时间里不见得有多少回报，但长远来看，这种投资肯定比股票的投资收益要大。如果你能悟透其中的奥妙，不失时机地付出自己的感情投资，往往会收到良好的效果。

有"礼"好办事，小礼物有大作用

"礼多人不怪"，这是古老的中国格言，它在今天仍有十分实用的效果。《礼记·曲礼上》说："礼尚往来，往而不来，非礼也；来而不往，亦非礼也。"这正是中国人对礼的认识的真实写照。小小的一个"礼"字，在生活中常常起着润物细无声的作用。

礼品是社交的纽带。做生意免不了人际往来，赠送客户礼品，不仅可以联络感情，表达情谊，有时候还能起到事半功倍的效果。无论是拜访陌生客户或者给老客户带上一份礼物，不但能够敲开对方的门，还能敲开对方的心！

礼物能够代表一种诚意。著名的西班牙礼仪专家伊丽莎白就说过："礼品是人际交往的通行证。"不管是首次拜访还是后来登门，带上一份精心准备的礼物，首先，能够说明你对待对方的态度是积极的、是比较重视的，这样从开始就能给对方一个好的印象，为下一步的交流奠定了基础。另外一点就是带着礼物上门还能够化解见面时的尴尬气氛，哪怕对方原本不愿接待你，也很难在你的热情之中冷面打发你。

　　原一平经常给准客户送"大礼"。

　　通常，原一平的第二次拜访比第一次规矩，把握"说了就走"的原则，找个适当的理由，讲几分钟就走。

　　问题的关键就在第三次访问。

　　有一天，原一平去拜访一位准客户。

　　"你好，我是原一平，前几天打扰了。"

　　"瞧你精神蛮好的，今天没忘记什么事了吧？"

　　"不会的，不过，有个请求，就劳烦你今天请我吃顿饭吧！"

"哈哈，你是不是太天真了，进来吧！"

"既然厚着脸皮来了，很抱歉，我就不客气了。"

回家后，原一平立即写了一封诚恳的致谢信。

"今日贸然拜访，承蒙热诚款待，铭感于心，特此致函致谢。晚辈沐浴在贵府融洽的气氛中，十分感动。"

另外，原一平还买了一份厚礼，连信一起寄出。

关于这份特别礼物，原一平自有标准：

如果吃了准客户1000日元，原一平回报他2000日元的礼物。

第三次访问过后二十天，原一平会做第四次访问。

"嘿，老原，你的礼物收到了，真不好意思，让你破费啦！对了，我刚卤好一锅牛肉，吃个便饭再走吧！"

"谢谢你的邀请，不巧今天另有要事在身，不方便再打扰你。"

"那么客气，喝杯茶的时间总还是有吧！"……

人与人之间的感情，是在日积月累之中逐渐建立起来的。

人的感情具有物化性，仅用话语来表达你对客户的关心和友谊不太实际。即仅凭两张嘴是无法建立友好关系的，还要有点物质上的交流。这就需要你运用一些小礼品来沟通与客户的关系。

有"礼"好办事，这是一个很普遍的现象。其实很多时候，对方在乎的并不是送去的财物，而是一种得到尊重和重视的感觉。因此，可以说，"送礼"是一门艺术。"礼"不在多，关键要能够抓住对方的心。

不管送什么样的礼物，投其所好才是最重要的。"投其所好"送上小礼品，往往能打动人，给对方留下深刻印象，使人脉关系更加牢靠。

在美国，一位销售员去拜访一家公司的董事长，董事长正要下逐客令时，秘书推门进来了，对董事长说了一句话："今天没有邮票。"这个时候，销售员站起来与董事长告别走了。

第二天他没有去拜访董事长，而是去拜访了秘书，见了秘书之后问了秘书昨天给董事长说的"没有邮票"是什么意思？秘书告诉他，董事长有个独生子，喜欢集邮，过几天就是他的生日了，董事长要求秘书把来往各地信件的邮票收集一下，作为礼物送给他。销售员一听，想到自己公司与全国各地也有信件的往来，于是就收集了一大堆邮票，再次拜访董事长。

董事长一见他就说："你怎么又来了，我不需要你的产品"。这个销售员说："我今天不是来推销的，我是来给你送邮票的。我听说你儿子喜欢集邮，因此来给你送邮票。"董事长一听，非常高兴，事情发展到这个阶段，他会亏待这个销售员吗？

送礼作为表达自己的感情、加深与别人间的沟通和交流的一种方式，是感情意义上的互通交融，至于礼物轻重、何种形式都不重要，关键是能表达自己心意，并且投其所好。如果做礼物达不到投其所好，那么你所送出去的礼物也是白送，因为在他人的眼里，你的礼物体现不出价值。

礼物是感情的载体，送礼则是一种感情的投资，能缩短人与人之间的感情距离，便于人们的沟通交流，达成共识。礼多情就多，这是人们送礼总结出来的经验。学会了送礼，就等于学会了人际交往的一门艺术。

互通感情，多参加聚会

朋友、同事之间的聚会，是拓展人脉空间、提升自己人脉关系网的绝佳时机，但有的人参加完聚会后，却再也不愿参加同样的聚会了，他们往往把原因归咎于参加聚会的其他人身上，说他们或者老谋深算，或者浅薄轻狂，和他们难以沟通交流，更不要提产生心灵的共鸣了。这样的感觉很多人都有过。

每次参与社交活动前，我们都要有明确的目的，这次活动我打算结识那些人，这些人有什么兴趣爱好，怎样让他们产生倾诉的欲望，等等。即使你初次到了一个完全陌生的场合，也不必感到恐惧和害羞，大胆地和你见到的每一个人交流，不仅可以使你很快忘记你是一个陌生人，而且可以有效地锻炼你的社交能力，展示你的良好形象。

不管是高管高官，还是无名小卒，每个人都有倾诉的欲望，同时，每个人手中都掌握着对自己价值不大但对别人价值也许很大的信息，大家叠加起来，这里应该算是个海量的信息资源库。把你知道的信息和你的朋友共享交流，使每个信息都能找到需要它的人，而不是烂在自己肚子里或者眼看着它白白过期作废，这应该是一件功德无量的好事，在共享的过程中，我们可以收获友情、收获财富。

因此，当一个彬彬有礼、谈吐不俗的人主动找到你交谈时，你会有一种亲切感，这种亲切感很容易就拉近了你和对方的距离，当你为找到或结识一个可信任的朋友暗自庆幸时，站在你对面的人也在暗自庆幸——通过你，他又拓展了自己的人脉，使自己的人脉竞争力得到了进一步的提高。

赵恺是一个家用电器——洗衣机推销员，曾经有一段时间，洗衣机非常不好推销，有时为了做成一笔生意，常常要跟客户几次三番地谈，谈得客户不胜其烦，到了聚会的时候，更是句句不离本行，那架势，恨不得在聚会结束之前就能签成几笔合同，最终的结果却不太乐观，一般朋友甚至会疏远他，见了他避之不及。

然而，其同事刘亮每次聚会都收获颇丰，但是他的洗衣机销售合同却不是在聚会上签订的，而是在聚会后的一段时间内，那些参加聚会的朋友主动打电话请他办理的。朋友问他有什么秘诀，他微微一笑说：要说秘诀，只有一句话，那就是"不谈洗衣机"。"不谈洗衣机，你的朋友怎么会来找你买机器？"朋友奇怪地问。

刘亮告诉朋友，每次参加聚会，除了介绍自己的职业是洗衣机推销员之外，他把更多的时间放在了和参加聚会的人的交流上。一次聚会的时间有限，要巩固和老朋友的感情，还要结识新的朋友，就必须抛开销售，和各个阶层的人谈他们感兴趣的话题，说话的时候，要多站在对方的立场上考虑问题，让对方产生倾诉的欲望。

聚会结束以后，无论工作多忙，刘亮都会抽出时间来给那些朋友打个电话，问一问最近的生活工作状态，遇到的问题是不是解决了等，让朋友们知道自己惦记他们的同时，也进一步加深了自己在朋友脑海里的印象。"我要让我的每一个朋友都认识到——虽然我依靠推销洗衣机生活，但是在我眼里，朋友远远比推销重要！"刘亮不无自豪地说，"这样一来，朋友们觉得我可以信赖，所以当他们遇到某些我能帮上忙的问题的时候，自然而然就会想起我来，我的业务量自然也就上去了。"

刘亮跟朋友说这些话的时候，不紧不慢，一脸的坦诚，可以想象得出，当他在聚会上和朋友交流时，他的真诚足以让人打开紧闭着的心灵之窗。

刘亮的经验告诉我们什么呢？至少有四个方面的启示：

第一，不要轻易拒绝以联络感情、增进友谊为目的的聚会，聚会实际上是聚集人气、拓展人脉的重要舞台，以联络感情、增进友谊为目的的聚会很有参加的必要。如果没有特殊的原因，不要随意拒绝参加这样的聚会，因为拒绝不仅会让你失去拓展人脉的机会，更容易给那些你曾经相识的朋友带来误解，觉得你并不在意这份友情，所以，即使真的有事不能参加，也要跟组织者打个电话说明一下情况，并请组织者向大家道歉，这样，你的形象才不会因为拒绝而受损。

第二，参加聚会要有明确的目的，这个目的是要给与会的朋友留下一个美好的、深刻的印象。倘若我们带着功利的目的去参加聚会，处处不忘自己的本行，时时惦记着抓住"商机"，会让朋友觉得你参加聚会的目的不纯，所以，不要追求急功近利。

第三，给朋友留下美好而深刻的印象，靠的是你的自信和良好沟通交流能力，而不是孤芳自赏和放浪形骸。在聚会上让人知道你的名字并不难，但要让人记住你的名字并不容易，在朋友面前，你优雅的风度、幽默的谈吐和真心的倾听，都会拉近朋友与你之间的距离。不要只顾着表现自己，要帮朋友创造表现的机会，不要一味叙说自己的成功与失落，更要倾听朋友对你的倾诉。

最后，聚会结束以后，不要等到下一次聚会时才想起这些朋友，要经常与朋友们联系。不要等到有求于人的时候才四处翻找朋友的电话，不要等到每一次打电话都得先介绍自己是谁的地步才知道朋友的可贵。人是感情动物，在一次又一次不经意的交谈中，这种感情会慢慢得到升华。

帮助别人，你会获得更多

生活中，不少人认为帮助别人，自己就要有所牺牲；别人得到了，自己就一定会失去。其实很多时候，帮助别人并不意味着自己吃亏，也是帮助自己，正如爱默生所说："人生最美丽的补偿之一，就是人们真诚地帮助别人之后，同时也帮助了自己。"

先做朋友，后做生意

亿万富翁李晓华说："在我走向成功的道路上，赵章光先生给了我很大帮助。"

当时，章光101生发精在日本行情看涨，在国内更是供不应求，一般人根本拿不到货。而李晓华与赵章光又素昧平生。

李晓华决定主动进攻。

他第一天来到北京毛发再生精厂，吃了闭门羹。门卫告诉他："一年以后再来吧！"

第二天，他又来到该厂。这一次，虽然他想办法进了大门，找到了供销科，但得到的答复仍然是："一年后再来吧！"也难怪，101毛发再生精卖得正红火，李晓华根本排不上号。

经过一番思考，他改变了策略。

第三天，他坐着一辆由司机驾驶的奔驰来到101毛发再生精厂，并自报家门：

"海外华侨李晓华先生前来拜访！"

在与对方的交谈中，他先不提买毛发再生精的事情，而是海阔天空地聊天，从中捕捉对自己有用的信息。

当他了解到101毛发再生精厂职工上下班汽车不够用，立即表示愿意赠送一辆大客车和一辆小汽车。

果然，一个月后，两辆汽车开到了北京101毛发再生精厂。李晓华的慷慨和真诚相助，使赵章光深受感动。

从此，李晓华与赵章光成了好朋友。李晓华如愿以偿，取得了101毛发再生精在日本的经销权。他常常包下整架飞机，把101毛发再生精运到日本。短短几个月。李晓华进入了千万富翁的行列。

你怎样对待别人，别人就会怎样对待你。这是人际交往中必须遵循的一条基本规律。从这一意义上说，帮助别人就是帮助自己，"送人玫瑰，手有余香"。

一位哲人说："一个不肯助人的人，他必然会在有生之年遭遇到大困难，并且大大伤害到其他人。"是的，每个人都不是独立地存在于这个世界上的，每个人都会遇到困难，遇到自己解决不了的问题。这个时候，我们就需要向别人求助，如果我们能得到别人帮助，那么我们就会心存感激，希望他日自己也可以为别人做些事情。同样的，当我们帮助别人时，别人也会心存感激，希望他日伸出援助之手，帮助我们。

一个风雨交加的夜晚，一对老夫妇走进一间旅馆的大厅，想要住宿一晚。

饭店的夜班服务生无奈地说："十分抱歉，今天的房间已经被早上来开会的团体订满了。若是在平常，我会送两位到附近有空房的旅馆，可是我无法想象你们再一次的置身于风雨中，你们何不待在我的房间呢？它虽然不是豪华的套房，但还是蛮干净的，因为我必须值班，我可以待在办公室休息。"

这位年轻人诚恳地提出这个建议。

老夫妇大方地接受了他的建议，并对造成服务生的不便致歉。

第二天雨过天晴，老先生前去结账时，柜台仍是昨晚的

先 做朋友，后 做生意

这位服务生，这位服务生依然亲切地表示："昨天您住的房间并不是饭店的客房，所以我们不会收您的钱，也希望您与夫人昨晚睡得安稳！"

老先生点头称赞："你是每个旅馆老板梦寐以求的员工，或许改天我可以帮你盖栋旅馆。"

几年后，他收到一封挂号信，信中说了那个风雨夜晚所发生的事，另外还附一张邀请函和一张纽约的来回机票，邀请他到纽约一游。

在抵达曼哈顿几天后，服务生在第5街及34街的路口遇到了当年那对老夫妇，这个路口正矗立着一栋华丽的新大楼，老先生说："这是我为你盖的旅馆，希望你来为我经营，记得吗？"

这位服务生惊奇莫名，说话突然变得结结巴巴："你是不是有什么条件？你为什么选择我呢？你到底是谁？"

"我叫作威廉·阿斯特，我没有任何条件，我说过，你正是我梦寐以求的员工。"

就这样，这家饭店在1931年开张，这所旅馆就是纽约最知名的华尔道夫饭店，是纽约极致尊荣的地位象征，也是各国的高层政要造访纽约下榻的首选。

是什么改变了这位服务生的命运？毋庸置疑的是他主动帮助了他人，如果当天晚上他不那么做的话，那么结局就另当别论了。

正所谓"行下春风，必有秋雨"，许多人活一辈子都不会想到，自己在帮助别人时，其实也是帮助了自己。在日常生活中，许多偶然的事情，将会决定你未来的命运，而生活却从来不会说什么，但却会用时间诠释这样一个真理：帮助别人，就是帮助自己。

事实上，我们总想从别人那里获取更多的东西，自己却吝啬哪怕一点点的付出。心理学家马斯洛指出，人都有爱与被爱的需要。我们更关注被爱和受尊重的感受，却往往忽视了爱与尊重他人的前提。其实，你只有主动去关心、帮助一下别人，你眼前的世界也许就会因此而改变。所以，我们要舍弃一些不必要的自我意识，帮助别人做一些力所能及的事情。记住：当我们搬开别人脚下的绊脚石时，也许恰恰是在为自己铺路。我们在帮助别人的时候，也就是在帮助我们自己。

第六章　互利共赢，
生意人追求的最终目的

有钱一起赚，自己发财也让别人发财

　　成功的生意人信奉"有钱大家一起赚"的信条，他们认为不让人赚钱的生意人，不是好生意人，也绝对不会得到真正的朋友，真正的朋友总是肯为对方考虑的。在商业社会，做生意总要有伙伴、有帮手、有朋友。你照顾了别人的利益，实际上也就是照顾了自己的利益。

　　有人问小巨人李泽楷，他父亲教了他一些怎样成功赚钱的秘诀。李泽楷回答："赚钱的方法父亲什么也没教，他只教了我一些为人的道理。"李嘉诚曾经对李泽楷说，他和别人合作，假如他拿七分合理，八分也可以，那么李家拿六分就行了。

　　李嘉诚的意思是，他宁可吃亏也要争取更多的人与自己合作，你想想看，虽然他只拿了六分，但现在多了一百个合作人，他现在能拿多少个六分？假如拿八分的话，一百个人会变成五个人，结果是亏是赚可想而知。李嘉诚一生与很多人进行过或长期或短期的合作，分手的时候，他总是愿意自己少分一点钱。如果生意做得不理想，他就什么也不要了，愿意吃亏。正是这种风度和气量，才有人乐于与他合作，他的生意也就越做越大。所以李嘉诚的成功更得力于他寻求共赢的合作理念。

　　谢福烈是四川温州商城的董事长，他是第一位到四川从事房地产开发的温州商人。如今，他的投资已经扩展到了

先做朋友，后做生意

乐山温州商城、三台温州商城、营山温州商城、自贡温州商城……这些投资已经超过了7亿元。但是，谢福烈却没有向银行贷过一分钱的款。那么，这么多的资金都是从哪里来的呢？

谢福烈投资自贡温州商城时需要总投资3亿多元，这么多的资金靠谢福烈的自有资金显然是不够的。于是，他把自己的计划向其他60多位温州老乡公布。结果，这些温州商人二话没说，集资凑足了3亿，这个项目就被谢福烈和他的这些老乡们拿下了。

做生意应回避"你死我活"的斗争，不做"吃干榨尽"的事情，而应兼顾他人的利益，"有钱大家一起赚"，尽可能合作共赢。所以说，做生意不但要善于选择合作者、善于合作，还要学会与合作者分享利益。钱是永远赚不完的，不能独占或独享利益。

当年，温州人进入欧洲市场的时候，在西班牙直销温州鞋，从国内发货、国外进单、市场批发、门市零售一条龙自我"包干"到底。出口商、进口商、经销商、营业员"四合一"全由温州人包揽，所有环节的利润"独吞独占"。而且每天延长开店时间，力图把卖鞋的利润"吃干榨尽"。这样的行为使当地的制鞋业人士十分愤怒，最终引发了当地焚烧温州鞋事件。事件发生后，温州皮革协会发现了企业的过失：把该让别人赚的钱都自己赚尽，又不尊重当地的文化习俗和经营规矩，把别人的饭碗都端掉了，自然"引火烧身"。如果当初在经营中适度收手，给其他经营者留一杯羹，也不会闹到这个地步。

做生意赚钱，我们要有互惠互利的共赢观念。在与他人交锋时，不妨权衡一下彼此间的让步空间，在利人利己的前提下进行合作。这是人际关系做到极致的体现。未来社会，这种共赢的结局，将是人与人交流所要寻求的最完美的结局，它有利于每个人的生存质量的提高，所以，我们应该具备这种互惠互利的观念，为自己创设一个良好的生存空间。

义乌富商金位海在赚钱的过程中，恪守的原则是：有钱大家一起赚。

金位海出身贫苦，家里有兄弟好几个，他排行老大，13岁时死了父亲。中学毕业就走上社会，先做司机，后在义乌市场当小老板，赔赔赚赚，苦苦乐乐。再后来，金位海办了几个村办企业，效益不错。

1991年，金位海办了自己的公司，每年有几百万元的进账。1996年又开办了以小商品运输为主业的国内长途联运业务，每年又有几百万的钞票收归囊中。1999年，投资2000多万元在杭州开办九莲综合市场。

金位海在谈到自己做生意的经验时说："千万要给别人留下一个成长的空间，自己能赚钱别人也有钱赚，有钱大家一块赚，只有大家一块赚，你才能赚到钱。"他在利益计划时，就计算好，自己赚一部分，让来市场租摊位的客商赚一部分，然后，让来市场进货的各地商人们也赚一部分。

2002年7月，他来到山东威海文登办了个批发市场。这个批发市场租地6000亩地，先期投入1.5亿元，仅空调和消防设施就投入2000多万元，摊位全部都租出去了，生意火爆。

为什么这里的摊位这么俏呢？原来，金位海在出租摊位的时候，也遵循了"有钱大家赚"的原则。他以自己能承受的最低价把摊位租出去，让商户得到实实在在的利益。在优惠的价格面前，商户们当然愿意选择实惠的了。当时的行情是，距文登最近的墨批发市场中，一个9平方米的摊位年租金为7万元，而金位海批发市场定的年租金是9平方米5000元，比市场的价格便宜了6.5万元。而且租期年限可以一次约定为5年。从这种租金看，商户5年下来，就可以省30多万元。难怪大家愿意和金位海合作了。

正是通过这种大家共同赚钱的方法，金位海的生意越做越大。

有钱大家赚，这是做生意的定则。鼓励利润分享，让每个合作环节、每位合作伙伴都有利可图，这样的生意才是最成功的，也才有可能做大。李嘉诚曾说："假如拿10%的股份是公正的，拿11%也可以，但是如果只拿9%的股份，就会财源滚滚来。"这种"少拿1%"的做法，折射出了其分享礼让的精神。生意场上，每个人都想赚钱，但贪心的人是永远赚不到大钱的，因为他只看到眼前的利益，只顾自己赚钱，而不考虑合作方。现在的经济是合作经济，无论是生产领域、流通领域或是服务领域都存在着合作伙伴，只有秉承着"有钱大家赚"的经营理念，才能建立长期的、稳固的合作关系，生意才会越做越顺，越做越好，越做越大。

与人分享，你将得到更多

有这样一个故事：

一位农民从外地换回了一种小麦良种，种植后产量大增。这个农民喜出望外，因为他成了村人眼中的种田能手。但马上他又变得忧心忡忡。他害怕别人偷去了他的良种，偷去了他的那份骄傲。于是，他想方设法保密，拒绝村民们兑换小麦种子的请求，一个人享受着丰收的喜悦。

然而好景不长，到了第三年他就发现，他的良种不良了，变得跟普通的麦子一样。又过了两年，他的麦子连普通的种子也不如了。产量锐减，病虫害增加，他因此蒙受了很大的损失。这个农民带着自己的良种麦子跑到省城请教农科院的专家。专家听他讲完自己的经历，告诉他，良种四周都是普通的麦田，通过花粉的相互传播，良种发生了变异，品质必然下降。

在商业活动中，很多人也会犯同样的错误，因为害怕别人分享自己的成果，处处提防保守，以至于陷入孤立的境界。最后只能眼睁睁地看着自己的成果被市场淘汰，甚至蒙受巨大的损失。因此，无论是经验还是成果，都要学会与人分享。只有懂得与人分享，乐于与人分享，敢于与人分享，才能充分得到别人的尊重与认可，才能让你的事业走向成功。

先 做朋友，后 做生意

"与人分利"是生意人的一个基本共识，也是做生意的黄金定律。做生意只有让利于人，追求双赢，而不是一方有利，才能保持久远的合作关系。相反，光顾一己利益，而无视对方的权益，只能是一锤子买卖，慢慢的生意将会做断做绝。

古语有云：与君同行，分之即得之！意思是说和别人在一起，如果你愿意和身边的人分享你的东西，那么得到的一定比失去的多。在当今的社会中，"分享"已经越来越成为商业活动中不可缺少的品质。一个懂得分享的人，生命就像加利利海的活水一样，丰沛而且充满活力，这样的人身上有一种特殊的吸引力。此外，在这个世界上，有些东西是越分享越多得，更重要的是，你的分享将会使更多人愿意与你在一起。

有句话说得好：财散人聚。无论做什么生意，不能一直以谋求利益为最终目的。你要把利益与别人分享，才会赢得信赖、聚集人心，这样一来自己的业务范围、合作伙伴才会越来越多，生意越做越大。积累了丰富的人脉资源，有了人脉还怕做生意不赚钱？

1998年年底，时任伊利集团负责经营的副总牛根生被免职，第二年一月，他注册100万元创立了内蒙古蒙牛乳业（集团）股份有限公司。而在这个原始创业团队中就有来自伊利原液态奶总经理杨文俊、总工程师邱连军、冷冻事业部总经理孙王斌、广告策划部总经理孙先红，他们组成了当时蒙牛的领导层。为什么这些铁杆部队要不离不弃地跟定牛根生？当时伊利是国企，财大气粗。何况，这些人也做到了经理级别，论地位、论收入都是普通职工所不及，有稳定的资源和得心应手的管理团队，而与牛根生创业须从头重来，吉凶难卜啊！

　　但是这些人认为：牛根生这个人值得跟。因为牛根生不太看重钱财，舍得和人分财富。当然，这并非说牛根生不重视利益，相反恰恰证明了他与众不同的胸怀。

　　早在伊利担任副总的时候，牛根生就曾将自己的100多万元年薪分给手下员工。牛根生回顾当时的情形时说："当时我分钱的目的不是为了救穷和救急，是给我的部下干活预付的报酬。如果我觉得某个人干活非常有能力只是差一点动力，我就认为投资到这个人身上值，对团队会有好处。"

　　虽然是为了提高员工的动力，但是许多企业家恐怕连10万都舍不得给员工，更不用说自己的100万年薪。正因为牛根生有这种胸怀和眼光，员工才会坚定地跟着他，因为不仅能共苦，而且能同甘，不用担心被"卸磨杀驴"。

　　不只是牛根生做总裁之后才舍得散财，早在二十年前，牛根生就已经有了类似的做法，这似乎是他的性格使然。当时，杨文俊需要买房结婚，而他那时的工资只有六十几块钱，4000元的房钱只凑够了2000元，所以只好放弃。当牛根生知道情况后对他说"不要担心，2000块钱我给你出。"而他那时家里的存款也仅仅就是2000块钱。舍己为人，为朋友两肋插刀，牛根生做到了。所以，当牛根生扯起蒙牛大旗时，杨文俊毫不犹豫地跟随他。

　　在蒙牛壮大后，牛根生也一直遵循着"财聚人散，财散人聚"这条原则，没有自己独占蒙牛的聚宝盆。不久前，他提议给集团部分没有股权的中高层管理者分配权益，而董事会及此前拥有股权的高管将不仅不再分配，牛根生还鼓励他们进行捐献。

在牛根生看来，财产是必须要流动的，该散的钱一定得散，这样才能聚得了人。因为事业就是人干出来的。只有大家的付出和得到成正比，才有干劲，才能把事业干好。所以，牛根生在蒙牛赴港上市后就将价值10亿元的股份捐献出来，成立了"老牛基金"。"老牛基金"所积累之基金主要用于奖励对蒙牛公司发展有贡献的人员。

不仅对公司员工，对于经销商，牛根生同样也舍得散财，只要经销商销售产品达到一定数量，不仅年底可以分红，而且还可以像员工那样分得蒙牛的股份。经销商怎能不干劲倍增呢？

正是因为牛根生"财聚人散，财散人聚"这种独特的管理理念，蒙牛才会在短时间内快速崛起，把事业做大。

散财聚人心，这是经商的至高境界，也是聚拢人心的不二法门。在经商过程中，主动与人分享利益，赢得的是他人的信任，更多的业务伙伴，以及未来的市场。

与人分利是获得成功的重要秘诀。当你在散自己的钱财时，大家会更愿意跟着你做事；当你不如意时，如果你之前一直坚持分享的心态，你的团队也不会离开你，因为他们相信，只要你有吃的，你就会分给他们一口。这些看似简单的道理，很多的人却不一定能做到。所以，我们一定要拥有分享的心态，只有学会了分享和分担，才能够获得大家的理解和支持，才能够增强自己的竞争力。

总之，无论是经验还是成果，都要学会与人分享。只有懂得与人分享，乐于与人分享，敢于与人分享，才能充分得到别人的尊重与认可，才能让你的事业走向成功。

主动吃点小亏，你将受益无穷

做生意也是做人的艺术。人们常说"吃亏是福"，其实这本是一个利益交换等式。也就是用眼前利益的暂时损失去换取长远的利益。每个人都不愿吃亏，这是人之常情。但在一些利益的割让上，出于大局的考虑，我们却不得不做出一些让步，并且心甘情愿地让别人得到好处，这就是一种吃亏的精神。这种"亏"其实是另一种方式的"给"，它必然会以另一种更好的方式在你以后的日子里补偿给你。

有一位北京商人刘老板，他在陕西铜川开了一家机电设备公司。有一次，一个老客户来买电器配件，遗憾的是，刘老板找遍了公司的库存，就是没有这个配件。但是，这位客户着急得很，因为拿不到这个配件，他所在的企业就面临停工，而停工一天的损失将达到5万多元。

看到客户如此着急，刘老板一边安慰，一边承诺一定在一天之内把货搞到。客户刚走，刘老板便亲自出马打的直奔西安供货方。谁知，西安没有货了。没办法，他只好连夜乘飞机回杭州，然后再打车赶往北京老家。回来折腾一番已经是清晨四五点了。刘老板不顾困顿与疲劳，又在北京联系相关的生产厂家，结果在连续联系了十几个厂家后，终于找到了这个电器配件。拿到电器配件后，刘老板火速打车直奔机场，下车看望一下父母的时间都没有。第二天，当他把货交到客户手中时，客户感动得无法言语。

这次生意对刘老板来说，是一桩赔本生意。因为一个配件才300元，利润也就十几元钱，但是刘老板却付出了3000多元的交通费。从表面上看，刘老板亏了好几千元，但是他却赢得客户的信任。第二天，客户所在的企业就敲锣打鼓地送来了大匾，还带上当地媒体来采访刘老板，宣传他这种一心想着客户的事迹。就这样，刘老板吃亏待人的消息在业内广泛流传，刘老板生意自然是越来越红火，得到的财富比区区损失的几千元要多得多。

在有一些生意中，虽然卖主明显吃亏了，但是从长远来看，他却又是最大的赢家。从上面这个事例可以看出，刘老板表面上吃了点亏，但他却交到了一个朋友，孰轻孰重，明眼人一看就知道了。只有先吃亏才能后赢利，这是建立商业关系、社会关系的有力武器。正因为有"吃亏是福"的思想准备，所以在激烈的市场竞争中，精明的生意人总能牢牢占据有利位置，并稳步推行拓展计划。

华人首富李嘉诚曾说："有时看似是一件很吃亏的事，往往会变成非常有利的事。"这就是吃亏是福的体现。今天的世界，竞争非常残酷，优胜劣汰见怪不怪。许多人或利所趋，或势所使，不惜机关算尽、落井下石、踩着别人的肩头前行，唯恐稍一俯首止步的瞬间，就一不小心成了时代的弃儿。而这恰恰正是因为他们没有领悟吃亏是福的真谛，他们不知道吃亏是表面的隐忍与退却，而实际则是为了拓展更宽广的天地。今日的蛰伏正是他日雄起的蓄势待发。如果你对眼前的小亏斤斤计较，寸土不让，终究会独自品尝那得不偿失的苦酒。

北京和德集团是一个进出口鱼粉的公司，它的经商秘诀是：报价永远是同行业中最低的，它出售的鱼粉每吨销售价比进价要低将近100元左右。

一些业内的同行纷纷怀疑它的这种做法。如此的低利润，生意岂不是越做越赔？但是，事实却恰恰相反。从1994年开始，短短三四年间，其资产从3亿发展到30亿。它在鼎盛时期曾为世界上进出口鱼粉贸易量最大的企业，当时在国内的市场份额达到了85%，后来还重组国嘉实业达到了借壳上市。

为什么和德集团用这么低的价格，还能赢得这么大的发展呢？和德集团以让利为核心销售理念，并有配套的资金周转措施。

和德要求所有的买家在签订购买合同的同时预先支付40%~50%的订金，合同一般都是三个月以上的远期合同。这样就有50%的货款至少提前90天进入和德的账户。在国外出口商发出装船通知单之后支付另外50%的货款。在将近30天的行船时间内，和德就可以白白占用大量资金。

因和德在业内的绝对垄断地位，所以它在银行的信用很高，可以在不具备任何抵押的情况下，获得180天的额度。

两者相加，和德在一年里就有至少大半年的时间可以有大量买方和卖方的资金在账。有了钱就好办事，仅仅是用这部分资金进行一级市场上的新股认购，20%甚至更高的投资收益率就完全可以弥补在鱼粉贸易中的损失。至于账面上的亏损而省掉的税金，还有大量的货物贸易使它在与保险公司、银行、码头等方面谈判时占据的优势，则更是外人看不到的。

生意之道就是：小处吃亏，大处受益；暂时吃亏，长远受益。对商家来说，让利是吃小亏，吃小亏的直接效果是大量的销售，然后就能赢得大量的现金流。这笔流动的资金对企业来说就是大财富，运用这笔财富，可以生得更多的财富。

吃亏是福。人都有趋利的本性，你吃点亏，让别人得利，就能最大限度调动别人的积极性，使你的事业兴旺发达。当然，让别人占点便宜并不是要大家随时随地都去吃亏。吃亏是有学问，有讲究的。我们要学会吃亏，要吃在明处，至少你应该让对方心中有数。这样才能让别人觉得欠你人情，你积攒了人缘，以后你若有求于他，他才会全力以赴帮你。

山东一家橡胶厂接洽了一宗外贸生意——巴基斯坦某公司想加工一种异型轮胎，但数量只有5套，出价比普通轮胎高一倍。巴基斯坦厂商还表达了这样一种意思：如果这5套轮胎质量合格，他们可能要大量定做。

但是，这家橡胶厂一算账，发现做这样的轮胎难度很大，必须为这5套轮胎特制模具，投资至少得10万元，这样一来，这笔生意就要赔5万元，所以他们没有与巴基斯坦签订协议。恰巧，有一个温州商人得知这个消息后，立刻与巴基斯坦客户签订了供货协议。客户不太放心，一再叮嘱说："一定要按期交货。"这个温州商人回答："没问题。"想起第一家中国厂家的情况，巴基斯坦客户不禁问道："你们不怕亏损？"温州商人说："不怕。"协议签订后，温州商人如期向巴基斯坦客户交出了5套质量合格的轮胎。接下来发生的事情顺理成章——巴基斯坦客户立刻与这个温州商人签订了8万套轮胎的订货协议，不久又签订了10万套轮胎的订货协议。

世事很奇怪，看起来是吃亏的，可最终都能获利者。"塞翁失马，焉知非福"，这是现代商业智慧的具体表现。

主动吃亏是一种智慧的体现。一个主动吃亏的人，看似失去了很多，但他未来得到的可能会更多。

对一个生意人来说，敢于吃亏，善于吃亏，是一种沉稳的胆识，也是一种坚定的风度，更是一种商业智慧。

吃亏是福。这就是先赔后赚的"利天下者，方能利己"的经营思想。吃小亏占大便宜。但是吃亏也是有技巧的。精明的人会吃亏，他们吃亏吃在明处，便宜站在暗处，让别人被占了便宜还感激不尽，这就是做生意的智慧所在。

别占小便宜，容易吃大亏

人们在处理人际关系时有一个致命的弱点，即"喜欢占小便宜"。你可能以为自己因为占了小便宜就会多了一些好处，并因此而沾沾自喜，殊不知，每一次你因为占小便宜而对他人造成的剥夺与不公都会增加别人在你面前的不安全感，累加到一定时候，量变到质变，从起初的疏远到中间的戒备再到最后的远离，这还不算，你的口碑因此也会变得很糟糕，以至于没有和你打过交道的人都会防备你，从而造成你更深的人际损失。

周炜是个才毕业的大学生，专业知识很扎实，可是他的求职却一直不顺利。万般无奈之下，他找到了自己的叔叔，请他跟当地的一家知名化工企业的老板介绍一下自己，看能不能到化工公司工作。

一天，周炜的叔叔给他打来电话，说正在一家酒店和这位老板喝酒，让他赶紧过来跟老板见个面，老板现在也需要这样的专业人才，只要过了老板的法眼，工作这事就算定下了。

周炜非常高兴，打扮整齐，急匆匆赶到酒店，和叔叔、老板一起就座，老板问了周炜几个化工方面的问题，周炜胸有成竹，对答如流，老板一看就高兴了，又要了一瓶酒，三个人喝了起来。

宴会结束后，周炜得意扬扬地等着公司给他打电话，可一等不来，二等也不来，周炜等不及了，给叔叔打电话，问什么时候去上班。叔叔接了电话，告诉他那件事没希望了。老板不同意接收他。

"不同意接收？喝酒那天不是说得好好的吗？"周炜愣了。"这还不全怪你自己！"叔叔气冲冲地说："还记得最后要的那瓶酒吗？""记得，可我也没有因为喝多酒失态啊？"周炜奇怪地问。"那瓶酒的酒盒里放着一个礼品打火机，是不是你拿了？"叔叔问。周炜点了点头，说："那个打火机也不是什么精品，根本就不值钱，他一个大老板怎么会缺这种东西？所以我就拿了。""问题就出在这里！"叔叔说："老板说你这个人学问还行，就是太爱贪小便宜了，打火机一拿出来，你的眼睛就没离开过它，你既不抽烟，也不爱收藏打火机，但对打火机却那样专注，说明你是个贪小的人，贪小的人，他是不敢用的，因为将来万一别人给你点儿小恩小惠，没有人保证你不会背叛公司。"

中国有句古话，叫"贪小便宜吃大亏"，它的意思告诉人们，不要因小失大；只顾眼前，不顾长远；捡了芝麻，丢了西瓜，这是永久的真理。一旦贪图小利成了个人形象，所有的人避之唯恐不及，甚而被人利用，人生和事业都将是一个败者。

在中国的传统观念里，逢光必沾、斤斤计较、爱贪小便宜的人是不受欢迎的，这个从一则小笑话里就可以看得出来。

甲在回家的路上遇到下雨，就找乙去借雨伞，乙虽然舍不得，又不好不借，等甲走后，随着就追了去。

甲知道乙心眼儿小，到家后就把雨伞撑开，好尽快晾干，不想正好被来讨伞的乙看到。乙大为生气，认为甲在过度使用自己的雨伞，又不好发作，灵机一动，想起甲家有一双钉鞋，于是提出要借。

甲很痛快地借给了他。乙穿着钉鞋专拣泥泞的路走，到家后也不脱下来，睡觉的时候穿着钉鞋就钻了被窝。早晨起来一看，钉鞋被磨得锃亮，自己的被子却成了布条。

假如在社会生活中的我们，也像笑话中的那个人一样，受损失的最终是自己。跟热情豪爽、开朗大方的人交往是一种享受，跟斤斤计较、见钱眼开的人交往是一种痛苦。爱贪小便宜的人在专业知识上也许有过人之处，也未必一定是品德败坏，但这种过分追求个人利益的表现在强调团队、强调合作精神的今天，没有太大的市场。

好贪小便宜的人，看到的只是眼前最近地方的利益，只是一棵唾手可得的树而已，他们没有看到不远处那一片原本可以属于自己的大森林。在人际关系上，因为利益关系，他会自觉不自觉地把自己孤立起来，使自己的路越走越窄。

刘楠是一个漂亮的女孩子，但却有一个令人讨厌的坏习惯——喜欢占小便宜。

在上大学期间，刘楠为了省点钱买零食吃，很少用自己的牙膏、洗面奶之类的东西。每次都是趁着同学早起洗漱的时候，她就凑上前，挤人家的牙膏，或者蹭人家的洗面奶，要不就是用人家的护肤品。刚开始，大家没说什么，时间长了，就都知道她的人品了，没有人再愿意搭理她，她也总是自讨没趣，常常一个人待着。

可是，刘楠并没有接受教训，步入社会以后，她的行为更是变本加厉了。比如一个同事买了一袋纸巾，她就会拿上几包，然后说："先让我用你几包啊，等过几天我买了再还你。"但是她只不过是嘴上功夫罢了，等她用完后，她自然会去找另外一个同事要。

不仅如此，刘楠还常常找同事借钱，大家一起逛街时，她很喜欢买零食，但是每次买她都不从自己的钱包里拿钱，逮住谁就向谁借："哎，先给我垫五块钱呗，我这会儿没零钱，等我钱换开了就给你！"同事通常都会替她垫付。可问题是她从来就不还，次数多了，大家都知道她爱占小便宜，都不愿意跟她在一起，也没人搭理她了，就这样，刘楠又成了孤家寡人。

通常，爱占小便宜的人，人们都会避而远之，没有良好的人际关系，也很难积累起长期稳定的共同利益群体。因为没有人愿意和一个天天算计起来没完的家伙推心置腹地相处，久而久之，变成恶性循环——热衷于短期利益，见便宜就占。如果每个人都试图从与别人的交往中占小便宜，那人们之间就根本无法相处，所以，占小便宜是破坏人际关系最大的一个因素。

借力而行，让别人为自己的财富铺路

生活中，不少人认为，成功只有依靠自己一个人的力量去取得，才能真正显示出自己的本领，而向别人寻找帮助，则是一种无能的表现。当然，如果只靠自己的能力就能把事情办好，确实是件好事。但是一个人的能力毕竟有限，总有一些超出你能力之外的事情，你的能力达不到或者勉强干完也是漏洞百出，这就需要借助他人之力了。

在做生意的过程中，如果你能够巧妙地利用外力，利用他人的力量，你的成功之路也许会走得更轻松一些。日本松下电器的创始人松下幸之助说过这样一句话："我是用天下人的钱和天下人，来办我的事情，我出售的只是服务。"毫无疑问，生意人要赚大钱，将生意转化为企业，把自己由小商人变成企业家，就必须懂得巧妙地借用他人的智慧和金钱。

当年，美国富豪路维格唯一的家当就是一艘老油船。

有一天，他跑到大通银行，对银行职员说他要借钱。那位职员看了看他的破衬衫领子，轻蔑地问他拿什么做担保。路维格便搬出了那艘老油船，说他正把船租给一个石油公司，每月的租金正好可以分批还这笔款子。银行还是有点犹豫，路维格便建议把租契交给银行，由银行去跟那家石油公司收租金。

一般来说，银行是不会接受这种非分要求的，但他们看重了那家石油公司的信用，而路维格当时是没有什么信用可谈的，因此，银行借给了他一笔钱。

第一笔贷款到手之后，路维格看这样可以从银行贷到款，于是他用贷款来的钱又买了一只旧货船，然后改成油轮租了出去，再拿着租契到银行贷款，再买船。如此反复了好几年。他已经拥有八艘自己的船了。这时候，他开始搞起航运，虽然规模不大，不能和那些大的航运公司相比，但是他已经能赚到了300多万美元了，而且，这些钱还在不断地增长。在几年的时间里，路维格把一艘旧船变成了拥有八艘油轮的船队，这对他来说已经是非常不错的结果了。

法国著名的作家小仲马在剧本《金钱问题》中说过这样一句话："商业，这是十分简单的事。它就是借用别人的资金！"这也说明了财富是建立在借贷上的。借是一种策略，但更是一种高深的智慧。"借贷"是将生意做大的捷径，所以说，只有会借、善借，才能获得自己想要的。

俗话说："众人拾柴火焰高。"聪明的生意人总是努力扩充自己的头脑，延伸自己的手脚，学会借他人的力量，并把这种外力融入自己的奋斗中，使自己的能力成倍的增长，从而轻而易举地完成自己要办的事，使自己的期望和梦想成为现实。

王石是万科公司的董事长兼总经理，是一位善借他人之力的智者。他在经营万科的过程中，多次向社会招聘贤才。

L君原是万科公司的一名职员，可不知什么原因，忽然不辞而别，被聘到一家酒店做业务经理。

王石在公司与L君一起工作的时候，发觉L君很有才干，且上下左右的关系也处理得非常融洽，这样挥手而去，很是可惜。而且自己在有些方面存在不足，L君又恰恰有这些方面的长处，两下取长补短，不是更好吗？

于是王石左思右想，花了很大力气，终于说服了L君重新加入了万科公司，而且当年在L君的配合下，齐心协力，为公司赚了几百万元，使得公司营业额超过两亿多元，在深圳五家上市公司中名列第二。

万科成功的秘诀当然不只是借用人才之力一个原因，但是善于借用人才之力，显然是第一重要的因素。

在现代社会中，经济迅速发展，各行业各部门之间的竞争非常残酷，单靠一个人的能力是很难取得事业的成功的。因此，必须借用别人的力量，才能取得事业的成就和创造灿烂的人生。

在生意场上，学会了借力，善于利用别人的资源，就意味着你会节省大量的创业时间，提前奋斗成功。当别人在为"无路可走"郁闷时，你已经利用多方面条件为事业铺平了道路；当别人劳心费力地创造条件时，你已经利用别人的资源成功，不费吹灰之力地达成目的。因此，如果你想很轻松地使用自己获得成功，获得财富，就要学会借力。生财之路多种多样，巧借他人之力圆自己的财富梦想，这不失为一种智慧的生财之路。

以对手为师，向竞争对手学习

在当今竞争激烈的商战中，当你的实力暂时无法与对手抗衡时，无论你是选择逃跑，还是拼死一搏，都是愚蠢的行为，最明智的做法是先向对手学习，然后再赶超对手。

以对手为师，向对手学习制胜之道，可以节省我们的精力和成本；从对手那里学习失败的经验，可以让我们少走弯路，少受挫折；借鉴对手的管理模式，可以让我们轻松做管理高手；效仿对手的经营理念，可以让我们转变商业思维，开阔思路；向对手学习，才能更好地击败对手，赢得更多的商业机会。

　　小李是做绿色食品——食用仙人掌推销工作的，刚开始时，他的推销经常遭到拒绝，但他认为他的口才和推销技巧都不比别人差，那么，问题究竟出在哪里呢？他的一位同事却每天都能卖出很多，并且与几个大酒店签订了长期的订货合同。小李觉得很奇怪，就在一次聚会时向同事索取成功推销的经验。同事说："我也没有用什么方法，只是将食用仙人掌的做法告诉那些饭店的厨师，并请他们做出来先品尝一下。因为这种菜以前从没有人做过，更没有人吃过。如果花钱买来了却不会做，那买它做什么呢？"小李听了以后感觉有理。在以后的推销工作中，他总是耐心地将仙人掌的几种做法告诉饭店的采购员和厨师。

有些时候，我们确实应该多向别人——特别是自己的同事或竞争对手学习，吸取他们成功的经验，不断提高自己的能力。"他山之石，可以攻玉"，如果用别人的成功经验，可以达到同样的成功，我们又何乐而不为呢？

威廉的父母不幸辞世，给他和弟弟杰克留下了一个小小的杂货店。微薄的资金，简陋的设施，他们靠着出售一些罐头和汽水之类的食品，勉强度日。

兄弟俩不甘心这种穷苦的状况，一直寻找发财的机会。

有一天，威廉问弟弟："为什么同样的商店，有的赚钱，有的只能像我们这样惨淡经营呢？"

弟弟回答说："我觉得我们的经营有问题，假如经营得好，小本生意也是可以赚钱的。"

"可是，怎样才能经营得好呢？"于是，他们决定经常去其他商店看一看。

有一天，他们来到一家"消费商店"，这家商店顾客盈门，生意红火，引起了兄弟俩的注意。他们走到商店外面，看到门外一张醒目的告示上写着："凡来本店购物的顾客，请保存发票，年底可以凭发票额的3%免费购物。"

他们把这份告示看了又看，终于明白这家商店生意兴趣的原因了。原来顾客是贪图那"3%"的免费商品。

他们回到自己的店里，立即贴了一个醒目的告示："本店从即日起，全部商品让利3%，本店保证所售商品为全市最低价，如顾客发现不是全市最低价，本店可以退回差价，并给予奖励。"

就是凭借这种向竞争对手学习的智慧，威廉兄弟俩的商店迅速扩大。发展至今，已经拥有60多家连锁商店。

对手既是我们的挑战者，又是我们的同行者，是对手唤起我们挑战的冲动和欲望。因为他们的竞争使我们成长得更快，所以，竞争对手又是我们最好的学习者。学习对手的长处，总结对手的成功经验，吸取对手的教训，避免重犯对手犯过的错误，才能更好地提升自己的竞争能力。

对手是最好的老师。马云在《马云点评创业》中曾说："我认为选择优秀的竞争者非常重要，我们要善于选择好的竞争对手并向他学习。"竞争最大的价值，不是战败竞争对手，而是通过向竞争对手学习弥补自己的不足。

学习对手，欣然以对手为"师"，虚心观摩学习对方的长处，这不仅是一种态度，更是一种思路，一种赢的策略。世界著名大公司都非常注意竞争对手的产品，注意分析对手的优缺点，发现对方的优点并及时学习，以补己之短。

在千变万化的市场竞争中，吸取竞争对手的成功经验，加以移植、改良或创新，就能使自己的企业不断壮大，立于不败之地。

先做朋友，**后**做生意

　　美国斯图·伦纳德奶制品商店的经理斯图·伦纳德培训教育中层干部，使他们成为零售业务和竞争分析方面的专家，成为胜者的方法很独特，其做法就是访问竞争对手。

　　他经常挑选一个与自己商店的经营有相似之处的竞争对手作为访问对象。去访问时，不管是远是近，即使是几百公里以外的地方，他也会带上15个下属一同前往。

　　为此，他还专门设计了定员15人的面包车。当这些下属随着中层干部出发时，就意味着他们参加了一个"主意俱乐部"，将接受斯图·伦纳德对他们的挑战：谁能第一个从竞争对手的经营管理中受到启发，提出对本公司有用的新思想？能不能保证自己至少提出一条新思想？

　　斯图·伦纳德这样做的目的，就是让每个访问者都能至少找到一处竞争者比斯图·伦纳德商店干得好的地方。

　　斯图·伦纳德说："我们应当尽量找出一件竞争对手比我们干得好的事，很可能那只是一些小事，但是只有这样你才能不断改进自己的工作。"

　　商场如战场，在商场上你必须重视你的竞争对手，时刻关注竞争对手，分析竞争对手的信息，从对手处学会更好的做法，避免他们的失误，才能超越对手，战胜对手。

　　生意场上，向竞争对手学习，不仅是方法的问题，还是视野的问题、思想的问题、境界的问题。学习竞争对手身上的优点，把对方当成自己事业上突破的一个动力，这样你就会收获人际和事业的双成功。

帮助客户成功，你自己也就成功了

客户与销售员是双赢的关系，销售员帮助客户赚到了钱，同时自己也会赚到钱，既达到了双赢的目的，同时又得到了客户感激，相信以后他们会更加愿意与自己合作。

帮客户赚钱，这就是阿里巴巴的赚钱模式。马云说："我们成立了阿里巴巴学院，我们对客户进行培训，客户不成长，阿里巴巴不会成长，客户破产了，变成穷人了，阿里巴巴也就完了。"阿里巴巴正是通过帮客户赚钱，帮客户成长，最终才使自己赚取合理利润的，这也正是阿里巴巴能取得今天成绩的文化实质。

阿里巴巴的目标不仅是让客户站起来，还要让他们学会靠着自己的力量站起来。所以，马云说："阿里巴巴所做的是教人钓鱼，而不是给人鱼。电子商务是一个长期发展的过程，它不是一个投机行为，它是一个投资行为。它就像你学英文一样，不是你交了钱就能懂英文的，你交了钱还得去努力，还得去学。"为此，阿里巴巴规定，成为阿里巴巴的客户后，必须接受培训，这是为了让他们得到更好的服务，最终达到阿里巴巴与客户共同发展的目的。

为了帮助客户成长，2004年9月10日，阿里巴巴集团公司与杭州电子科技大学、英国亨利商学院联合成立一个阿里

先做朋友，后做生意

巴巴的内部大学——"阿里学院"。"阿里学院"的办学目标之一就是培训客户，强化他们的电子商务知识，包括做出口贸易的政策法规的培训。

现在每个月都有客户到阿里巴巴公司来接受培训，或者阿里巴巴组织人员到各个城市，把客户集中起来进行培训。培训内容不光是对阿里巴巴的使用，还有管理艺术、中小企业的成长等等，在这些课程上他们已经具备开办阿里学院的条件。

阿里巴巴认为，如果客户不成长，阿里巴巴也就不会成长。用马云的话说："客户都完了，穷了，阿里巴巴也就完了。"因此，帮助客户成功是阿里巴巴销售人员的使命。以前阿里巴巴有的客户不懂贸易，交易对方来的信也不回，阿里巴巴对这些客户说，用阿里巴巴的服务，就要接受阿里巴巴的培训，马云就算再忙也要给客户进行免费的培训。

马云认为，企业要帮助客户成长，实现双赢，这样才能持续发展。服务客户，对双方来说，是永恒的、共同的话题，套用一句非常流行的广告语："爱你就等于爱自己"。这也再次验证了一个观点：帮助客户就是帮助自己。要想成就自己，唯一的渠道是帮助别人。

任何生意的生存之道，都是经营者与客户的战略共赢。帮助客户赚钱、帮助客户成功，也是帮助自己发展。只有明白了"帮助客户赚钱，也是帮助自己赚钱"的道理，才能找到有效的营销之道。

美国ABC电视台的记者到海尔采访张瑞敏，海尔成功的秘诀是什么？张瑞敏说："海尔成功的秘诀就是海尔不断地帮助客户赚钱，所以海尔才能赚大钱。"

古语说"水能载舟，亦能覆舟。"对生意人来说，你就是"舟"，客户就是"水"，要想让水载舟，首先就是让客户记住你，而客户能够记住你，最好的办法就是帮助他，并使他成功。

对于世界500强企业之一的通用电气(GE公司)大家都是熟悉的，也许它做大做强有很多的因素，但是其中一个很重要的因素就是GE公司帮助客户成功。

GE的人员曾在向美国西南航空公司推销喷气发动机和提供服务的同时，提出了希望全方位为西南航空公司提供帮助。他们希望帮助西南航空公司提高效率，降低成本。

后来，GE甚至提出派一名专家免费到西南航空公司工作几个月，解决一个与GE所售产品毫无关系的问题。GE的热心让美国西南航空公司觉得奇怪，不知道GE葫芦里到底要卖什么药，于是拒绝了其帮助。

经过GE人员的不断努力，终于说服了西南航空公司的经理们，答应让他们派专家洛里·克雷斯到该公司解决其他公司制造的零部件存在的故障。克雷斯不仅帮助解决了问题，还引入了六西格玛(6 Sigma)的概念。关于"六西格玛"，目前没有统一的定义。从目前的实践来看，六西格玛管理主要有两种类型：6 Sigma改进和6 Sigma设计。现今，六西格玛已经逐步发展成为以顾客为主体来确定企业战略目标和产品开发设计的标尺，是企业追求持续进步的一种质量管理哲学。正是因为通用电气的总裁杰克·韦尔奇在全公司实施了六西格玛管理学，并取得了辉煌的成绩，才使得这一管理法名声大振。

西南航空公司终于被GE的做法打动了，并对其赞赏有加，同意了GE派出数十名人员并提供包括财务分析等在内的服务。

自己的客户越赚钱，自己就会越赚钱。这是做生意的双赢法则。你对客户付出，帮助客户成功，其实就是在帮助自己成功。举个简单的例子，如果我们是生产电器的厂家，我们的客户就是各个销售我们电器的商场或者专营店，如果他们成功了，就意味着我们的产品销路很好，我们就能依赖他们的成功取得成功。反之，他们销售不出去，关门倒闭，那么我们作为厂家自然也要关门。

所以，我们要想自己赚钱，就要先帮助客户赚到钱、帮客户成功，只有他们得到了好处，我们才能相应地得到好处。那么，我们如何去帮助客户得到好处、取得成功呢？这就需要我们给他们提供最好最全面的服务。

我们想要在生意场上获得胜利，必然要依赖客户的帮助和支持，而客户为什么会心甘情愿地帮助我们呢？当然是我们能给他带来利益、带来成功，他们才会愿意回报我们财富，这不仅是合作的基本原则，更是与客户长期合作下去、实现"共存共荣"目标的基本保证。

可以说，客户的成功是我们生存的根本。这就要求我们一切从客户利益出发、一切为客户着想、一切对客户负责、一切让客户满意，从客户最需要的事情做起，从客户最不满意的地方改起，与客户一起共创成功。

学会双赢，合作中获得利益

"一个篱笆三个桩，一个好汉三个帮。"一个人的成功，除了环境、机遇和个人能力等因素外，找到最好的合作伙伴是一个不容忽视的环节。

在这个快速发展的时代，生存的关键是合作。因为个人的力量总是有限的，与人联合则可以壮大自己。这不是一时或者短期的方法，而是一种长远发展的眼光和规划，并可以一直延续下去。

美国著名的百货公司萨耶·卢贝克公司的创始人之一——理查德·萨耶是靠做小生意起家的。他一生最大的长处，也是他成功的最主要因素，就是他善于寻找和结交朋友。

萨耶开始创业的时候，在明尼苏达州一条铁路上当运送货物的代理商。做这种代理商有个共同的烦恼：有时收货人嫌货不好，拒收送到的货物，如果再将货物带回，就会倒赔一笔运费。萨耶为了避免这种情况，想出了一个新招——邮寄。这样不仅退货率大为降低，也为买主提供了便利。这种"函购、邮寄"的方式，获得了意外的成功。

萨耶知道自己的生意必须扩大规模，否则，别人利用他创造的这种经营方法，很可能赶到他前面去。

萨耶饱尝了"伙伴难找"的滋味。他挑选了将近五年，直到有一天晚上，这个注定要在萨耶的事业中起关键性作用的人，自己骑着马来了。

他叫卢贝克，到圣·保罗去买东西，不料中途迷了路，已经饥肠辘辘，人困马乏。在皎洁的月光下散步的萨耶看见了卢贝克，他邀请卢贝克到他的小店中休息，两人一见如故，真心地交谈起来，说到痛快之处，两人隔着桌子热烈地拥抱在一起。以两人姓氏为名的世界性的大企业"萨耶·卢贝克公司"在拥抱中诞生了。

合作带来了新的财力和机遇，萨耶如虎添翼。合作后的第一年，公司的营业额就比萨耶单干时增加将近10倍，达40万美元。第二年的发展更快，这种发展速度远远地超出了两人的预想，他们俩明显地感到力不从心了。

卢贝克说："我们何不请一个有才能的人参加我们的生意？"萨耶一直把当年发现卢贝克视为一大快事，对他的这个建议由衷赞许："好吧，我们为我们的生意找个老板。"为上百万元的生意找个经营人，实在比找伙伴困难多了，他们不久就灰了心。这种大将之才，实在是人杰鬼雄，本来就是很稀少的。他们想："即使真有这种人才，恐怕也早被别的大公司拉走了。"

萨耶和卢贝克经过几番谋划，决定开阔视野，到一般的小商人中去寻找。因为大公司的经理一般不屑于经营他们的"杂货铺"，而在平凡的人物中选拔适当人才委以重任，这些人就会尽全力报效，不会像重金礼聘的知名人物，即使请来了，也只是抱着"帮帮忙"的心理。

　　一天，萨耶下班回家，看见桌上放着一块布料，他知道是妻子买的，心里很不高兴。因为这种布料在自己的店里都卖不出去，干吗还去买别人的呢？

　　妻子任性地说："我高兴嘛！料子不算太好，但花式流行啊。"

　　萨耶叫起来了："我的天！这种衣料去年上市以来，一直卖不出去，怎么会流行起来呢？"

　　"卖布的小贩说的。"妻子坦白了，"今年的游园会上，这种花式将会流行起来。"

　　妻子还告诉萨耶，在游园会上，社交界最有名的贵妇瑞尔夫人和泰姬夫人都将穿这种花式的衣服，妻子还嘱咐他不要把这个消息说出去。萨耶明白了：贵妇瑞尔夫人和泰姬夫人是当地妇女时装的向导，当地的女人对她们一向盲从，难怪妻子要买这种布料了。

　　"这个消息是谁告诉你的？"萨耶对此感兴趣。

　　妻子支吾了半天才吐露了真情，原来是卖布的小贩告诉她的，而且还要求她不告诉任何人。萨耶真想捧腹大笑一场，他明白这全是那小布贩捣的鬼，竟然把妻子也哄住了。

　　萨耶并没有把这件事放在心上，甚至他店里的这种布料都被一个布贩买走，也没有引起他的注意。游园会那天，萨耶发现两名贵妇果然穿着那种花式的衣服，格外引人注目，贵妇因此出尽了风头。游园结束时，许多妇女都得到一张宣传单，上面写着："瑞尔夫人和泰姬夫人所穿的新衣料，本店有售"。萨耶这才被这个布贩的聪明吸引了。这个布贩如此熟悉女人在服饰方面这种"不甘人后"的一窝蜂心理，真是一个聪明的生意人。

"虽然不知他长得什么样，也不知他是老是少，但我几乎可以肯定，这个人就是我们要找的人！"萨耶和卢贝克都这样认为。然而，当他们与店主见面时，不禁面面相觑。原来这个布贩就是经常到萨耶店里贩布的路华德。他们彼此已认识好几年了，但是从来没有深谈过，因此萨耶和卢贝克对路华德没有什么特殊的印象。直到这次，萨耶和卢贝克把路华德细细打量一番，才发现路华德的目光中有一种说不出的飞扬神采，给人以精明能干的感觉。

寒暄之后，萨耶开门见山地对路华德说："我们想请你参加我们的生意，坦白地说，想请你去当总经理。"

当上总经理的路华德为报知遇之恩，工作非常投入，取得了惊人的成绩。萨耶·卢贝克公司声誉日隆，10年之中，营业额增加了600多倍，拥有30万员工，每年的售货额将近70亿美元。对于零售行业，这简直是个不可思议的天文数字。

萨耶就是这样借着与朋友的合作，获得了巨大的成功，如果当年他不发现和利用人才，没有与卢贝克和路华德合作，他的事业就不可能在最短的时间内获得那么大的成功。

一个人的能力总是有限的，只有与有实力的人合作，才能逐渐让自己强大起来。成大事者善于合作，以求借势发挥，成就自己的事业。哲学家威廉·詹姆士曾经说过，"如果你能够使别人乐意和你合作，不论做任何事情，你都可以无往不胜。"合作是一种能力，更是一种艺术。唯有善于与人合作，才能获得更大的力量，争取更大的成功。

在激烈的市场竞争中，学会与人合作，取他人之长补自己之短，在合作中共同发展，这样才能形成强强联合，赚取更多的财富。

华帝热水器的创业群体被人称为是"七星北斗阵"。七个从小一起长大的朋友，都来自广东省中山市小榄镇的农民家庭，他们为创业者树起了合伙创业成功的典范。

1978年，邓新华、黄文枝、潘权枝、李家康四人一起被分配到了一家镇办机电厂工作。他们工作勤奋，都成为业务骨干，1980年黄文枝还当上了主管生产的副厂长。后来机电厂关闭了，员工全部解散。与此同时，黄启均在一家镇办农具厂当铁匠，是厂里锻焊高手杨建辉的徒弟，关锡源则在一家镇办印刷厂当排字员。

1991年底，七位老朋友偶然间聚到一起，此时每个人都事业小有成就。没有了生存的压力，就有了发展的苦恼，他们商量着日后的发展大计。开燃气用具配件加工厂的黄文枝说："我的厂最近一年给几家燃气灶具生产厂提供配件，每个月的要货量都在大幅递增，证明生产灶具是有利可图的。"大家一听，觉得不错，于是决定合伙创业。

1992年4月，七人一致推举邓新华为董事长，黄文枝为总经理，将企业更名为中山华帝燃具有限公司。在股权分配上，村政府占30%，余下的七人平分，各占10%，而黄启均和关锡源均以管理和营销知识入股，这在当时的中山市可谓是一大新闻，七位股东表现了惊人的胆识与气魄。七位老板都没有读过大学，最高也就高中毕业。七个人开始遵循"各尽所能，各取所长"的基本原则，进行了合理的简单分工，每个人兼任一个部门的经理。同时，他们实行民主集中制，在重大决策问题上，七个人中有四个人赞成即算通过，杜绝了个人独裁决策的失误，从制度上保证了华帝的健康发展。

华帝热水器的崛起，源于当时所有的燃气灶具都不注重品牌形象，产品缺乏差异性这一问题。他们率先发现问题，并聘请专业形象设计公司为企业导入CI策划，公司销售、宣传等事务用品全部按规范"CIS"化，使得华帝气派典雅的高品位形象很快得到了消费者认同，逐渐在热水器市场成为一支奇兵。

没有知识优势，凭借合伙人的齐心协力与规范管理，华帝热水器终成大器。从七兄弟作的"一加一大于二"这道创业题目中不难看出，合伙创业比单枪匹马有着独特的优势。

成功不能只靠自己的强大，成功更需依靠别人的帮助。无论你有多大的能力，你都要懂得这样一个道理："你无法独自成功。"因此，你必须让你周围的人来帮助你。有了他们的帮助，你才能更快地达成你的目标。

合作是一种精神，这是每个人成功不可缺少的条件。良好的合作，能够突破了自身的局限，将自身优势与他人的优势相结合，通过建立互利互惠的合作关系，实现"双赢"或"多赢"。